VEGETARISCH KOCHEN

mit dem Slow Cooker

60 einfache Rezepte für jeden Tag

riva

Bibliografische Information der Deutschen Nationalbibliothek
Die Deutsche Nationalbibliothek verzeichnet diese Publikation in der Deutschen Nationalbibliografie. Detaillierte bibliografische Daten sind im Internet über https://dnb.de abrufbar.

Für Fragen und Anregungen
info@m-vg.de

Wichtiger Hinweis
Ausschließlich zum Zweck der besseren Lesbarkeit wurde auf eine genderspezifische Schreibweise sowie eine Mehrfachbezeichnung verzichtet. Alle personenbezogenen Bezeichnungen sind somit geschlechtsneutral zu verstehen.

Originalausgabe
2. Auflage 2026

Türkenstraße 89
80799 München
Tel.: 089 651285-0

Redaktion: Ulrike Strerath-Bolz
Umschlaggestaltung: Isabella Dorsch
Abbildungen Umschlag und Innenteil: Gabriele Frankemölle
Illustrationen Umschlag und Innenteil: AVIcon/shutterstock.com, govindamadhava108/shutterstock.com, imnoom/shutterstock.com, KASUE/shutterstock.com, PannaKotta/shutterstock.com
Satz: Satzwerk Huber, Germering
Druck: Florjancic Tisk d.o.o., Slowenien
Printed in the EU

ISBN Print 978-3-7423-1694-3
ISBN E-Book (PDF) 978-3-7453-1374-1
ISBN E-Book (EPUB, Mobi) 978-3-7453-1375-8

PRODUZIERT MIT VERANTWORTUNG

Weitere Informationen zum Verlag finden Sie unter

www.rivaverlag.de

Beachten Sie auch unsere weiteren Verlage unter www.m-vg.de

Inhalt

Vorwort

»Ein Leben ohne Speck ist möglich, aber sinnlos.«
Eine seltsame Einleitung für ein vegetarisches Kochbuch, oder? Nein, finde ich nicht. Denn ich esse gerne Fleisch, aber genauso gerne (oft sogar noch lieber) esse ich kein Fleisch.
Ich mag Gemüse und Obst der Saison, bevorzugt lokaler Herkunft, aber auch artgerecht erzeugtes Qualitätsfleisch vom örtlichen Metzger. Was ich nicht mag, sind Glaubenskriege, erhobene Zeigefinger und flammende Plädoyers, wieso man etwas essen sollte/dürfte/müsste oder eben nicht.
In diesem Buch geht es also nicht darum, dass es kein Fleisch geben soll – nein, es soll schlichtweg mehr Gemüse geben! Gerade im Slow Cooker lassen sich arbeits- und zeitsparend gesunde Suppen, Eintöpfe, gefüllte Gemüse, Currys und sogar Desserts zubereiten, bei denen man die tierischen Produkte nicht vermisst.
Ich wünsche Ihnen viel Spaß mit dieser fleischlosen Rezeptsammlung und Ihrem neuen Kochgerät, dem Slow Cooker!

Gabriele Frankemölle

Slow Cooking – ein bisschen Theorie

Gesund, frisch und fleischlos kochen, ohne in der Küche zu stehen, ohne Umrühren, Anbrennen, Verkochen? Ja, das funktioniert wirklich! Alles, was Sie dafür brauchen, ist ein einfach zu bedienendes, günstiges Küchengerät: der Slow Cooker, auch Crockpot oder Schongarer genannt.

Slow Cooker gibt es bereits für 50 Euro, und sie machen genau das, was der Name sagt: langsam kochen, sozusagen in Zeitlupe. Die Zutaten werden in einen Keramik- oder Metalleinsatz gefüllt, der in einer elektrisch beheizten Hülle steht. Der Inhalt wird dann stetig und behutsam erwärmt, während ein Glasdeckel obenauf dafür sorgt, dass Feuchtigkeit und Hitze im Topf bleiben.

In diesem verschlossenen Garraum entstehen im Gargut Temperaturen von 75 bis 80 °C (Stufe LOW) oder um 90 °C (Stufe HIGH). Da brodelt nichts, da verkocht nichts, es brennt nichts an – nein, auch nicht nach acht Stunden! Stattdessen »zieht« das Gericht, Aromen und Gewürze haben Zeit, sich zu entwickeln. Das sorgt für herrliche Saucen, wunderbare Suppen und Eintöpfe, köstliche Currys. Und selbst wenn der Schongarer ursprünglich fürs Schmoren von Fleisch erfunden wurde: Die lange Garzeit bekommt auch Hülsenfrüchten sehr gut, und selbst zartere Gemüse zerfallen nicht bis zur Unkenntlichkeit. Vitamine bleiben erhalten.

Vegetarisch kochen im Slow Cooker

Kochen ist mehr als Zutaten klein schnippeln und in einen Topf werfen – auch beim Slow Cooker. Außer klein schnippeln und werfen müssen Sie nämlich auch noch – denken! Heißt, an einige Besonderheiten des Langsamkochens, die Ihnen aber vermutlich nach wenigen Wochen nicht einmal mehr als Besonderheiten auffallen.

Eine wichtige Eigenart (falls Sie auch Fleisch essen): Die meisten Gemüsesorten garen bei den geringen Temperaturen wegen ihrer festeren »inneren Struktur« langsamer als Fleisch und Geflügel. Schneiden Sie Kartoffeln, Karotten, Kohl also in entsprechend mundgerecht-kleine Stückchen und legen Sie sie zuunterst in den Topf beziehungsweise an die Seiten. Verwenden Sie Fleisch, kommt das obenauf oder in die Mitte. Zu guter Letzt gießen Sie die Flüssigkeit (Fond, Wasser, Wein, passierte Tomaten, Barbecuesauce) an. Vor allem das Gemüse sollten von Flüssigkeit bedeckt sein, aber nicht darin ertrinken. Denken Sie daran, dass kaum Flüssigkeit verkocht.

Gemüse

Grundsätzlich sollten Sie wissen, dass sich Gemüse im Slow Cooker anders verhält als im »normalen« Kochtopf. Es ist kaum möglich, Gemüse im Schongarer so lange zu garen, bis es zerfällt – ehrlich! Wurzelgemüse (Karotten, Sellerie, Rüben), Kohl und Kartoffeln benötigen im Slow Cooker die längste Garzeit. Erbsen, Paprika und Blattgemüse wie Spinat sind flott fertig – manchmal reichen 30 Minuten Ziehzeit am Ende.

Die nachfolgende Tabelle dient zur groben Orientierung. Die tatsächlichen Garzeiten hängen sowohl von der Art des Gemüses ab als auch von der Größe der einzelnen Stücke/Würfel/Scheiben und von der Tatsache, ob Sie sie vorab anbraten – zum Beispiel Zwiebeln.

Garzeittabelle für Gemüse im Slow Cooker

Gemüseart	Garstufe LOW
Artischockenböden	*6–7 Stunden*
Auberginen	*4–5 Stunden*
Blumenkohlröschen	*6 Stunden*
Bohnen, grün	*6–7 Stunden*
Brokkoli	*4–6 Stunden*
Erbsen	*30 Minuten*
Karotten	*6–10 Stunden*
Kartoffeln	*6–10 Stunden*
Kohlrabi	*5–6 Stunden*
Kürbis	*6 Stunden*
Paprika	*4–5 Stunden*
Pilze	*4 Stunden*
Rosenkohl	*7 Stunden*
Rotkohl	*5–7 Stunden*
Sauerkraut	*4–5 Stunden*
Sellerie	*8–10 Stunden*
Spinat	*30 Minuten*
Steckrüben	*8–10 Stunden*
Süßkartoffeln	*5–6 Stunden*
Zucchini	*4–5 Stunden*
Zwiebeln	*8–10 Stunden*

Faustregel: Wenn Sie den Temperaturwähler auf HIGH einstellen, halbiert sich die Zeit.

Tiefgefrorene Gemüsesorten und Obst …

… können unaufgetaut verwendet werden, allerdings verlängert sich dann die Garzeit um mindestens ein bis zwei Stunden. Denken Sie auch daran, dass anhaftende Flüssigkeit im Gericht landet, und verringern Sie die Flüssigkeitsmenge entsprechend. Auf der sicheren Seite sind Sie, wenn Sie TK-Gemüse in einem Sieb auftauen und abtropfen lassen und erst dann zugeben.

Hülsenfrüchte

Das sanfte Garen in Kochflüssigkeit ist ideal für die gesunden, günstigen getrockneten Hülsenfrüchte. Alle Sorten bis auf Spalterbsen und Linsen sollten vor dem Kochen über Nacht eingeweicht werden (Einweichflüssigkeit anschließend weggießen). Rote Bohnen müssen immer kurz im herkömmlichen Topf vorgekocht werden, da sie einen besonders hohen Anteil eines gefährlichen Eiweißstoffes enthalten, der erst durch brodelndes Kochen zerstört wird. Garen Sie Hülsenfrüchte im Slow Cooker immer in reichlich Flüssigkeit (sie saugen viel Wasser auf), und salzen Sie sie erst zum Ende des Kochvorganges. Sie werden sonst nicht weich.

Gerade weniger gebräuchliche Arten von Hülsenfrüchten sind in deutschen Supermärkten oft überlagert. Das heißt, sie brauchen im Slow Cooker ewig ... Bitte rechnen Sie also damit, dass die im Folgenden genannten Garzeiten möglicherweise nicht ausreichen. Ich steuere meistens gegen, indem ich Hülsenfrüchte mit kochendem Wasser übergieße und dann über Nacht einweichen lasse. Zudem gare ich Hülsenfrüchte immer auf HIGH, da die Stufe LOW manchmal nicht ausreicht, um den Garvorgang richtig in Gang zu bringen.

Garzeittabelle für eingeweichte Hülsenfrüchte

Sorte	Kochzeit auf HIGH
Bohnen, weiß, klein	3–4 Stunden
Bohnen, schwarz	3–4 Stunden
Canellini-Bohnen	3,5–4,5 Stunden
Erbsen, grün, geschält	2–3 Stunden
Erbsen, grün, ungeschält	2,5–3,5 Stunden
Kichererbsen	3,5–4,5 Stunden
Kidneybohnen	2,5–3,5 Stunden
Linsen, rot	1,5–2 Stunden
Linsen, braun	1,5–2,5 Stunden
Pinto-Bohnen	3–3,5 Stunden
Schwarzaugen-Bohnen	3,5–4,5 Stunden
Wachtelbohnen	3–3,5 Stunden

Umrechnungstabellen konventionelles Kochen – Slow Cooker

Fast alle Gerichte, die Sie sonst mit Flüssigkeit auf dem Herd oder im Backofen schmoren, können Sie auch im Schongarer zubereiten – Suppen und Eintöpfe sowieso. Trauen Sie sich also ruhig, Ihre Lieblingsrichte für den Slow Cooker anzupassen! Beachten Sie dabei die Tipps für gutes Gelingen auf der folgenden Seite und entnehmen Sie die ungefähre Garzeit der folgenden Tabelle.

Bitte bedenken Sie, dass unsere Umrechnungsangaben nur Annährungen sein können. Es gibt Slow Cooker, die viel schneller heiß werden als andere Modelle! Andere wiederum brauchen auf LOW fürchterlich lange.

Garzeit herkömmlich	*auf Stufe LOW*	*auf Stufe HIGH*
15 bis 30 Minuten	*3 bis 6 Stunden*	*1,5 bis 2,5 Stunden*
30 bis 60 Minuten	*6 bis 10 Stunden*	*3 bis 4 Stunden*
1 bis 3 Stunden	*8 bis 12 (+) Stunden*	*4 bis 6 Stunden*

Grundsätzlich entspricht eine Stunde auf der Temperaturstufe HIGH etwa zwei bis zweieinhalb Stunden auf Stufe LOW. Prüfen Sie bei der Schongarer-Premiere einer Speise nach der Mindestgarzeit, ob die Zutaten schon durch sind. Wiederholen Sie den Test jede Stunde und notieren Sie sich die passende Stundenzahl auf dem Rezept.

Tipps und Tricks für gutes Gelingen

Damit meine – und Ihre selbst entwickelten – Rezepte im Slow Cooker funktionieren, möchte ich Ihnen gerne einige praktische Hinweise an die Hand geben.

Lernen Sie Ihren Topf kennen

Es gibt super langsame Slow Cooker (viele Modelle der Marken Morphy Richards und Russell Hobbs) und ziemliche Heißblüter (Andrew James, Crock-Pot®, Syntrox). Die Garzeit eines Gerichtes, zum Beispiel Karottengemüse, kann also genauso drei Stunden HIGH wie 12 Stunden LOW betragen. Bevor Sie Ihren Schongarer sich selbst überlassen, sollten Sie ein paar Mal unter Aufsicht (zum Beispiel am Wochenende) einfache Schmorgerichte oder Eintöpfe darin garen. Dann wissen Sie bereits, ob Sie für Ihr Gerät die genannten Kochzeiten verkürzen oder verlängern müssen.

Wählen Sie die passende Heizstufe

Fast alle Gerichte gelingen sowohl auf LOW als auch auf HIGH gleichermaßen gut. Bei festkochenden Kartoffeln und Hülsenfrüchten empfehle ich allerdings HIGH, da diese Zutaten mehr Hitze zum Garen benötigen. Außerdem gare ich Milchreis immer auf HIGH, um unerwünschtes eventuelles Sauerwerden bei zu langer Garzeit auf LOW zu vermeiden.

Befüllen Sie Ihren Topf richtig

Rezeptmengen und Garzeiten sind so berechnet, dass die Töpfe halb bis 2/3 gefüllt sind. Wenn Sie weniger einfüllen, kann es anbrennen – wenn Sie einen Topf randvoll füllen, kommen Sie mit den Zeiten nicht hin. Möchten Sie also die Mengen/Portionen anpassen, müssen Sie auch die Topfgröße ändern:

1,5-l- oder 2-l-Rezepte

> für den 3,5-l-Topf Mengen verdoppeln
> für den 6,5-l-Topf Mengen vervierfachen

3,5-l-Rezepte

> für den 1,5-l-Topf Mengen halbieren
> für den 6,5-l-Topf Mengen verdoppeln

6,5-l-Rezepte

> für den 1,5-l-Topf Mengen vierteln
> für den 3,5-l-Topf Mengen halbieren

Garen Sie mit der richtigen Flüssigkeitsmenge

Bitte verringern Sie die Flüssigkeitsmengen in den Rezepten nicht – sollen Gerichte ohne Aufsicht garen, muss genug Fond, Saucenansatz etc. vorhanden sein, damit nichts anbrennt. Vermutlich aber kommen Ihnen die Flüssigkeitszugaben eh gering vor – das hat seine Richtigkeit: Gemüse geben beim Schongaren noch eine Menge Sud ab, erst recht, wenn man sie vorab nicht angebraten hat.

Suchen Sie die richtigen Rezepte aus

Kuchen, Müsli und Aufläufe funktionieren zwar im Slow Cooker, sind aber 1) sehr schnell gar und benötigen 2) häufigere Kontrollblicke durch den Glasdeckel und eventuelles Umrühren. Heben Sie sich solche »komplizierten« Rezepte daher für Zeiten auf, zu denen Sie zu Hause sind. Eine Suppe oder ein Gemüsecurry gelingt dagegen auch, während Sie im Büro sind.

Beachten Sie die Besonderheiten einiger Zutaten

Verwenden Sie nach Möglichkeit mehligkochende Kartoffeln, denn diese werden im Slow Cooker viel schneller weich als festkochende. Sahne, Käse, Milch und Joghurt können bei langer Garzeit auf LOW ausflocken, daher gebe ich diese Zutaten erst am Ende dazu oder gare – wie bei Milchreis – auf HIGH.

Was das Würzen angeht: Getrocknete Kräuter und Chili werden durch die lange Gardauer sehr intensiv, vielleicht sogar zu intensiv! Würzen Sie daher sparsamer als sonst – später nachwürzen geht immer.

Rezeptteil

Nun geht es endlich ans vegetarische Kochen mit dem Slow Cooker! Folgende Symbole, die Ihnen die Übersicht erleichtern, werden Ihnen bei den Rezepten begegnen:

Diese Gerichte sind vegetarisch, enthalten also Milchprodukte und/oder Ei.

In diesen Rezepten werden ausschließlich pflanzliche Zutaten verarbeitet, die Gerichte sind damit vegan.

Hier lesen Sie, für wie viele durchschnittliche Esser das Gericht berechnet ist. Kräftige Esser verzehren mehr, in Haushalten mit kleinen Kindern reicht es dagegen vielleicht für mehr Personen.

Dieses Symbol besagt, für welche Topfgröße das Rezept berechnet ist. Haben Sie nur einen kleineren/größeren Slow Cooker zu Verfügung, halbieren/verdoppeln Sie die Menge (s. Seite 13). Das funktioniert bei fast allen Rezepten – falls nicht, steht es dabei.

Die Vorbereitungszeit zeigt Ihnen, wie viel Zeit Sie für Schälen, Schneiden, Anbraten kalkulieren müssen. Wenn Sie morgens wenig Zeit haben, lassen sich alle/einige dieser Schritte auch am Vorabend erledigen.

Suppen und Eintöpfe

WECK
WECK

Gemüsebrühe

Unverzichtbare Grundzutat in der Küche

3,5 l | 12 | 15 Minuten

- 1 Zwiebel, in dicke Scheiben geschnitten
- 1 Bund Suppengrün, in Würfel geschnitten
- 1 Bund Petersilie, grob gehackt
- 1 Kartoffel, gewaschen, mit Schale in Würfel geschnitten
- 3 Knoblauchzehen, mit Schale zerstoßen
- 1 EL Rapsöl
- Salz
- 4 getr. Steinpilze, in 250 ml heißem Wasser eingeweicht
- 2 Lorbeerblätter
- ½ TL schwarze Pfefferkörner
- 1 EL Sojasauce (optional)
- Salz nach Geschmack
- 1¾ l Wasser (eventuell mehr)

1. Alle Zutaten in den Einsatz des Slow Cookers geben, dabei die Pilze mit Einweichwasser verwenden. Mit Salz abschmecken und mit so viel Wasser aufgießen, dass der Topf gut zu ¾ gefüllt ist.

2. Deckel aufsetzen und etwa 8–10 Stunden auf Stufe LOW bzw. 4–5 Stunden auf HIGH garen. Die Brühe leicht abkühlen lassen und durch ein feinmaschiges Sieb filtern.

LOW 8–9 Std. | HIGH 4–4,5 Std.

Tipp: Nutzen Sie für dieses Rezept den größten Slow Cooker, den Sie haben, vervielfachen Sie die Mengen und ergänzen Sie gerne noch Karottenabschnitte, Frühlingszwiebeln oder Staudensellerie. Längere Garzeit als angegeben schadet nicht – ich lasse meine Gemüsebrühe meist 10 Stunden über Nacht auf LOW garen.

Tipp: Dieser Fond lässt sich hervorragend einfrieren. Oder Sie bewahren ihn in sterilisierten Flaschen 2 bis 3 Wochen im Kühlschrank auf. Einkochen ist ebenfalls möglich.

Tomatensuppe

Sommer auf dem Teller

3,5 l | 4–6 | 10 Minuten

1 kg reife Tomaten
1 Zwiebel, fein gehackt
1 Knoblauchzehe
400 ml Gemüsebrühe (selbst gekocht oder aus Instant zubereitet)
100 g Tomatenmark
100 ml trockener Sherry (optional)
1 TL Zucker
Salz, Pfeffer, Thymian
200 ml Sahne

1. Tomaten waschen, grob hacken und mit den anderen Zutaten (bis auf die Sahne) in den Keramikeinsatz des Slow Cookers geben. Mit Salz, Pfeffer, Zucker und den getrockneten Kräutern (sparsam!) würzen.

2. Die Suppe 8–9 Stunden auf LOW oder gut 4 Stunden auf HIGH garen.

3. Suppe mit dem Stabmixer pürieren und die Sahne einrühren, nochmals 15 Minuten erhitzen.

LOW 8–9 Std. I HIGH 4–4,5 Std.

Tipp Die Zubereitungsart im Slow Cooker sorgt dafür, dass sogar hellrote Fleischtomaten aus dem Tiefkühler ein tolles Aroma entwickeln. Mit wirklich dunklen, reifen Tomaten direkt aus dem Garten wird die Suppe natürlich noch besser!

Kartoffel-Cheddar-Suppe

Ein mildes Süppchen, das auch Kinder gerne mögen

2,4 l | 2–3 | 20 Minuten

2 EL Butter
50 g Sellerie, gewürfelt (Knollen- oder Staudensellerie)
1 Zwiebel, gewürfelt
450 g mehligkochende Kartoffeln, geschält und gewürfelt
500 ml Gemüsebrühe (selbst gekocht oder Instant)
Salz, Pfeffer
200 ml Milch
100 g Cheddar, gerieben
50 g Räuchertofu, gewürfelt
½ Bund Petersilie, gehackt

1. Butter in einem Topf erhitzen und Sellerie sowie Zwiebel darin kurz glasig dünsten. In den Einsatz des Slow Cookers füllen.

2. Kartoffeln und Brühe dazugeben, mit Salz und Pfeffer abschmecken. Auf Stufe HIGH etwa 3 Stunden oder auf LOW etwa 6 Stunden garen, bis die Kartoffeln weich sind.

3. Mit dem Pürierstab im Einsatz (falls dieser dafür geeignet ist, sonst in einem separaten Topf) pürieren und Milch und Cheddar dazugeben. 30 Minuten auf HIGH weiter erhitzen und dabei gelegentlich umrühren.

4. Währenddessen Räuchertofu-Würfelchen und Petersilie kurz anbraten. Auf die fertige Suppe streuen.

LOW 6 Std. + HIGH 30 Min | HIGH 3,5 Std.

Kürbis-Paprika-Suppe

Mit Aromen aus dem Orient

3,5 l | 4–6 | 20 Minuten

Für die Suppe

500 g Hokkaido-Kürbis (vorbereitet gewogen) oder andere Kürbissorte
250 g rote Paprikaschote
150 g Karotten
150 g Zwiebel
1 l Gemüsebrühe (selbst gekocht oder Instant)
1 TL Kreuzkümmel
1 EL Ahornsirup
Salz, Pfeffer

Für das Kichererbsen-Topping

1 Dose Kichererbsen (400 g Abtropfgewicht)
2 EL Olivenöl
1 TL Kreuzkümmel
1 TL Paprika (mild oder rosenscharf, nach Geschmack)
je 1 Prise Zimt, Nelken, Chili
Salz

Zum Servieren

Koriander oder glatte Petersilie, gehackt
Sojajoghurt

1. Alle Gemüse in nicht zu grobe Stücke hacken, Zwiebel in feine Würfel schneiden. In den Einsatz des Slow Cookers geben. Die Gemüsebrühe angießen, alles würzen. Auf Stufe HIGH etwa 4–4,5 Stunden oder LOW 8–9 Stunden garen, bis das Gemüse ganz weich ist.

2. Währenddessen die Kichererbsen abgießen und auf einer doppelten Lage Küchentücher ausbreiten, einige Stunden trocknen lassen. Das Öl mit den Gewürzen verrühren.

3. Etwa 1 Stunde vor Kochzeitende die Kichererbsen in eine Schüssel geben und mit dem Gewürzöl mischen. Den Backofen auf 200 °C (Umluft 180 °C) vorheizen, die Kichererbsen auf ein Backblech schütten und 30–40 Minuten knusprig rösten. Dabei das Blech alle zehn Minuten rütteln, damit die Kichererbsen gleichmäßig bräunen. Aus dem Ofen nehmen und auf dem Blech etwas abkühlen lassen.

4. Die fertige Suppe mit einem Pürierstab bis zur gewünschten Konsistenz aufquirlen. Mit Koriander bestreuen und einige geröstete Kichererbsen obenauf geben. Mit Joghurt servieren.

LOW 8–9 Std. | HIGH 4–4,5 Std.

Borscht

Winterliche Suppe aus Osteuropa

3,5 l | 4 | 20 Minuten

1 große Zwiebel
1 Karotte
50 g Knollensellerie
1 Knoblauchzehe
2 EL Öl
500 g frische Rote Bete (etwa 3 Stück)
2 mehligkochende Kartoffeln
1 Dose gehackte Tomaten (400 g)
900 ml Gemüsebrühe (selbst gekocht oder Instant)
½ TL Kümmel
Salz, Pfeffer
1 Prise Zucker
250 g Spitzkohl, in sehr feine Streifen geschnitten

Zum Servieren
veganer Joghurt
Dill

1. Die Zwiebel pellen, Karotte schaben, den Knollensellerie putzen. Das Gemüse zusammen mit der Knoblauchzehe in einen Blitzhacker geben und klein häckseln – ersatzweise in feine Würfelchen schneiden.

2. Das Öl in einen ausreichend großen Topf geben, die Gemüsestücke darin einige Minuten glasig dünsten und dann in den Einsatz des Slow Cookers füllen.

3. Die Rote Bete schälen und in etwa 5 mm große Würfelchen schneiden, in den Slow Cooker geben, ebenso die geschälten, in feine Scheiben zerteilten Kartoffeln. Tomaten und Gemüsebrühe angießen, mit Kümmel, Salz und Pfeffer sowie 1 Prise Zucker abschmecken.

4. Deckel aufsetzen und auf Stufe HIGH etwa 4,5–5 Stunden oder auf LOW 7–8 Stunden garen. Dann den Spitzkohl dazugeben, umrühren und eine weitere Stunde erhitzen.

5. Mit einem Klecks veganem Joghurt und Dill servieren.

LOW 7–8 Std. + 1 Std. HIGH | HIGH 4,5–5 Std.

Tipp

Wenn Sie die Rote Bete nicht vorgekocht kaufen möchten: Sie lässt sich auch vorab separat im Slow Cooker garen. Einfach tropfnass in den Einsatz legen und 3,4–4 Stunden auf HIGH garen – siehe auch das Rezept »Rote-Bete-Carpaccio« auf Seite 73.

Süßkartoffelsuppe mit Crunch

Voll mit gesunden Mineralstoffen

3,5 l | 4–6 | 20 Minuten

Für die Suppe

2 EL Öl
150 g Porree, gehackt
150 g Karotte, gehackt
100 g Knollensellerie, gehackt
½ Nashi-Birne, geschält, in Würfeln
600 g Süßkartoffel, geschält, in Würfeln
1,2 l Gemüsebrühe (selbst gekocht oder Instant)
200 ml Kokosmilch
3–4 Zweige Thymian
Salz, Pfeffer, Zucker, Spritzer Zitronensaft
½ TL Kurkuma

Für den Crunch

1 EL Walnüsse
1 TL getr. Steinpilze
1 EL Sesamsamen

Zum Servieren

½ Nashi-Birne, in Würfeln

1. Das Öl erhitzen und Porree, Karotte, Sellerie und Nashi-Birne darin einige Minuten glasig andünsten. In den Slow Cooker geben.

2. Süßkartoffelstücke dazugeben, Brühe und Kokosmilch angießen. Thymian dazugeben und mit den Gewürzen abschmecken. Auf Stufe HIGH etwa 3 Stunden garen, auf LOW sind es etwa 6 Stunden.

3. Für den Crunch die Walnüsse in einer Pfanne ohne Fett etwas anrösten, dann in einen Mörser geben. Die Steinpilze dazubröseln und alles zusammen mit den Sesamsamen etwas klein mörsern (alternativ im Blitzhacker kurz hacken).

4. Suppe pürieren und nochmals abschmecken. Jede Portion Suppe mit etwas Crunch und einigen Nashi-Würfeln bestreuen.

LOW 6 Std. | HIGH 3 Std.

Tipp: Diese Suppe funktioniert auch mit Hokkaido-Kürbis sehr gut und verträgt dann noch etwas Ingwer-Würze.

Tortellini-Suppe

Familien-Favorit aus Italien

3,5 l | 6 | 10 Minuten

1 Karotte, geputzt, sehr fein gewürfelt
½ grüne Paprikaschote, fein gehackt
1 Zwiebel, sehr fein gehackt
1 Knoblauchzehe, zerdrückt
1 l passierte Tomaten (Dose)
800 ml Gemüsebrühe (selbst gekocht oder Instant)
2 EL Tomatenmark
1 EL brauner Zucker
je ½ TL getr. Oregano und Basilikum
Salz, Pfeffer
1 kleine Zucchini, in sehr dünne Scheibchen geschnitten
1 Packung Käse-Tortellini (Frischware, 350–500 g)

1. Die vorbereiteten Gemüsesorten mit Tomaten, Brühe und Gewürzen in den Topf geben und kräftig abschmecken. Die Suppe auf Stufe HIGH etwa 3,5 Stunden garen, auf LOW sind es 7 Stunden.

2. Die Zucchinischeibchen und die Tortellini dazugeben und auf Stufe HIGH eine weitere Stunde erhitzen.

LOW 7 Std. + 1 Std. HIGH | HIGH 4,5 Std.

Tipp: Mit der entsprechenden Pasta-Einlage lässt sich diese kräftige und sättigende Suppe auch vegan zubereiten.

Erbseneintopf

Ein Klassiker der deutschen Küche

3,5 l | 6 | 15 Minuten

100 g Räuchertofu, fein gewürfelt
1 Zwiebel, sehr fein gehackt
2 EL Öl
500 g grüne oder gelbe Schälerbsen
1 Bund Suppengrün, sehr fein gehackt
1 Lorbeerblatt
½ TL Majoran
500 g mehligkochende Kartoffeln, in Würfel von etwa 1 cm Kantenlänge geschnitten
1,2 l Gemüsebrühe (selbst gemacht oder Instant)
Salz, Pfeffer

Zum Servieren
Brotcroutons
Petersilie, gehackt

1. Tofu und Zwiebeln im Öl kurz anrösten, in den Einsatz des Slow Cookers geben. Restliche Zutaten dazugeben und alles gut vermischen. Mit Salz und Pfeffer oder etwas gekörnter Brühe abschmecken.

2. Deckel aufsetzen und bevorzugt auf HIGH etwa 5–6 Stunden garen (LOW 10–12), bis die Erbsen weich sind und die Kartoffeln zerfallen.

3. Mit Brotcroutons und gehackter Petersilie servieren.

LOW 10–12 Std. | HIGH 5–6 Std.

Tipp Bitte verwenden Sie unbedingt Schälerbsen für diesen Eintopf – oder weichen Sie ungeschälte zuvor über Nacht ein. Haben Sie überlagerte Hülsenfrüchte erwischt, kann die Garzeit durchaus noch länger sein.

Rotkohlsuppe mit Nüssen

Festliche Vorspeise im Winter

6,5 l | 8 | 20 Minuten

500 g mehligkochende Kartoffeln, geschält
1 kleiner Rotkohl (800–1000 g, geputzt gewogen)
1 EL Öl
1 große Zwiebel
1 Knoblauchzehe, zerdrückt
1,5–1,7 l Gemüsebrühe (selbst gekocht oder Instant)
200 g Crème fraîche
4 EL Milch
2 EL Walnusskerne
2 EL Pistazienkerne
Salz, Pfeffer
1 EL Honig
Himbeeressig zum Abschmecken

1. Rotkohl putzen, waschen und in feine Streifen schneiden. Kartoffeln schälen und würfeln. Zwiebel und Knoblauch schälen und würfeln.

2. Öl in einem Topf erhitzen. Zwiebel und Knoblauch darin glasig andünsten, in den Slow-Cooker-Einsatz geben. Rotkohl und Kartoffeln dazugeben, ebenso die Brühe. Mit Salz und Pfeffer kräftig abschmecken.

3. Auf Stufe HIGH etwa 5 Stunden oder auf LOW 9–10 Stunden garen, bis Kohl und Kartoffeln ganz weich sind.

4. In der Zwischenzeit die Crème fraîche mit Milch glattrühren, kaltstellen. Walnüsse und Pistazien in einer Pfanne ohne Fett anrösten, kurz abkühlen lassen, hacken und beiseitestellen.

5. Die Suppe pürieren und mit Salz, Pfeffer, Honig und Himbeeressig abschmecken. In Teller portionieren und mit einem Klecks Crème fraîche anrichten, Nüsse darüberstreuen.

LOW 9–10 Std. | HIGH 5 Std.

Tipp: Auf das Nusstopping sollten Sie nicht verzichten – das bringt erst den Pfiff, genau wie die hübsche Crème-fraîche-Spirale.

Linsen-Karotten-Suppe

Gesunde Hülsenfrüchte aromatisch gewürzt

6,5 l | 8 | 15 Minuten

1 EL Öl
2 große Zwiebeln, gehackt
2 Knoblauchzehen, zerdrückt
1–2 EL mildes Currypulver
Salz, Pfeffer
Chilipulver nach Geschmack
3 große Karotten, fein gewürfelt
400 g rote Linsen
1 Dose Tomaten (800 ml Inhalt)
1 l Gemüsebrühe (selbst gekocht oder Instant)
1 TL Zitronensaft
1 Dose Kokosmilch (398 ml)

Zum Servieren
Koriander oder Petersilie, frisch gehackt
Sojajoghurt

1. In einem Topf Zwiebeln und Knoblauch im Öl einige Minuten glasig braten, Curry darüberstäuben, kurz mitbraten. Zwiebelmischung in den Slow-Cooker-Einsatz geben.

2. Karotten, Linsen sowie Tomaten (etwas zerdrückt), Gemüsebrühe und Zitronensaft dazugeben und umrühren. Mit Salz, Pfeffer und Chilipulver (vorsichtig dosieren) abschmecken.

3. Auf Stufe LOW etwa 7–8 Stunden garen, auf Stufe HIGH etwa 3,5–4 Stunden.

4. 30 Minuten vor Ende der Garzeit die Kokosmilch einrühren, nach Geschmack nachwürzen und Topf 30 Minuten auf HIGH stellen. Nach Belieben mit Petersilie oder Koriander garnieren, einen Klecks Joghurt obenauf geben.

LOW 7–8 Std. + 30 Min. HIGH | HIGH 4–4,5 Std.

Graupensuppe mit Pilzen

Rustikale Suppe für den Winter

3,5 l | 4–6 | 15 Minuten

30 g getr. Steinpilze
1 EL Öl
1 Zwiebel, fein gewürfelt
1 Karotte, fein gewürfelt
1 Stange Staudensellerie, fein gewürfelt
200 g Gerstengraupen
250 g frische Pilze, z. B. Champignons oder Austernpilze, in Scheibchen
1,3 l Gemüsebrühe (selbst gekocht oder Instant)
½ TL getr. Thymian
Salz, Pfeffer

1. Die getrockneten Pilze in 100 ml heißem Wasser einweichen und etwa 30 Minuten stehen lassen.

2. Öl in einem Topf erhitzen, Zwiebel, Karotte und Sellerie zufügen und abgedeckt etwa fünf Minuten dünsten, bis das Gemüse weich ist. In den Slow-Cooker-Einsatz geben.

3. Graupen, frische Pilze, eingeweichte Pilze mit Einweichwasser und Gemüsebrühe dazugeben. Alles mit Salz und Pfeffer abschmecken.

4. Auf LOW etwa 6 Stunden garen, auf HIGH sind es etwa 3 Stunden.

LOW 6 Std. | HIGH 3 Std.

Kichererbsen-Kokos-Suppe Thai-Style

Scharf gewürzte Gemüsesuppe

3,5 l | 4–6 | 20 Minuten

1 EL Öl
1 Zwiebel, fein gehackt
1 Knoblauchzehe, zerdrückt
250 g Kartoffeln, ungeschält, gewaschen, in 1 cm großen Würfeln
150 g Karotten, in Scheibchen
150 g grüne TK-Bohnen
1 Dose Kichererbsen (400 g Abtropfgewicht)
500 g passierte Tomaten (Dose)
1 Dose Kokosmilch (400 ml)
300–500 ml Wasser (je nach gewünschter Flüssigkeit der Suppe)
Salz, Pfeffer, 1 Prise Zucker
2–3 TL rote Thai-Currypaste
1 EL Limettensaft
1 EL No-Fish-Sauce (vegane Fischsauce, ersatzweise Sojasauce)

Zum Servieren
frischer Koriander, fein gehackt

1. Öl in einem Topf erhitzen und Zwiebel und Knoblauch darin einige Minuten glasig anschwitzen. Die Kartoffeln ebenfalls kurz mit anbraten, damit sie später nicht allzu lange brauchen. In den Slow-Cooker-Einsatz geben.

2. Die anderen Gemüsesorten dazugeben und die Flüssigkeiten angießen. Mit Salz, Pfeffer und Zucker abschmecken und die Currypaste einrühren (verwenden Sie weniger, wenn Sie nicht gerne scharf essen).

3. Auf Stufe LOW etwa 7–8 Stunden garen, auf HIGH sind es 3,5–4 Stunden.

4. Vor dem Servieren Limettensaft und Fischsauce einrühren, mit Koriander garnieren.

LOW 7–8 Std. | HIGH 3,5–4 Std.

Bauerntopf mit Veggie-»Hack«

Das mögen Kinder besonders gern

3,5 l | 6 | 15 Minuten

1 EL Öl
2 Zwiebeln, fein gehackt
1 Knoblauchzehe, zerdrückt
800 g vorwiegend festkochende Kartoffeln, in dünne Scheiben geschnitten
2–3 rote Paprikaschoten, in Streifen
1 Dose Kichererbsen (425 ml), abgetropft
400 g Veggie-»Hack« (aus der Kühltheke)
75 g Tomatenmark
1 l Gemüsebrühe (selbst gekocht oder Instant)
2 TL mildes Paprikapulver
je ½ TL getr. Thymian und Oregano
Salz und Pfeffer
gehackte Petersilie zum Servieren

1. Das Öl in einem Topf erhitzen, Zwiebeln und Knoblauch darin glasig dünsten, in den Slow-Cooker-Einsatz umfüllen. Kartoffeln, Paprika und Kichererbsen obenauf geben, dann das Veggie-»Hack« darüberkrümeln.

2. Alle Saucenzutaten (von Tomatenmark bis Kräuter) verquirlen und über das Gemüse geben. Durchrühren und mit Salz und Pfeffer abschmecken.

3. Auf Stufe HIGH etwa 3,5–4 Stunden garen, auf LOW sind es 7–8 Stunden. Mit gehackter Petersilie bestreut servieren.

LOW 7–8 Std. | HIGH 3,5–4 Std.

Tipp Gut schmecken auch kleine Klößchen aus Veggie-»Hack«, Ei und Paniermehl, die im Eintopf gegart werden.

Chili sin Carne

Kräftiger mexikanischer Bohnentopf

3,5 l | 6 | 15 Minuten

4 EL Olivenöl
1 Zwiebel, gehackt
1 Knoblauchzehe, zerdrückt
200 g Tofu, zerkrümelt
1 rote Paprikaschote
500 ml passierte Tomaten (Dose)
2 Fleischtomaten, gehackt
5 EL Tomatenmark
100 ml frisch gebrühter Kaffee
1 EL Kakaopulver (ungesüßt)
150 ml dunkles Bier
150 ml Gemüsebrühe (selbst gekocht oder Instant)
1 EL brauner Zucker
½ EL Kreuzkümmel
½ TL getr. Oregano
1 Dose Kidneybohnen (425 ml), abgegossen
1 Dose Chilibohnen (425 ml), mit Flüssigkeit
1–2 Chilischoten, gewürfelt, je nach gewünschter Schärfe
Salz, Pfeffer

1. Öl in einem großen Topf erhitzen, Zwiebel und Knoblauch darin bei mittlerer Hitze glasig braten. Paprikaschote und Tofu zugeben und alles gut anbraten. Mischung in den Einsatz des Slow Cookers geben.

2. Alle restlichen Zutaten zugeben, durchrühren und mit Salz und Pfeffer abschmecken. Chilischoten zugeben. Auf Stufe HIGH 3–3,5 Stunden garen, auf Stufe LOW sind es 6–7 Stunden.

LOW 6–7 Std. | HIGH 3–3,5 Std.

Tipp Zum Chili passen gut Toppings wie saure Sahne, geriebener Käse oder Avocado.

Tipp Bitte seien Sie vorsichtig mit der Schärfe, durch das langsame Schmurgeln im Slow Cooker wird sie intensiver als beim Kochen auf dem Herd. Beginnen Sie also erst mit einer Chilischote oder einer kleinen Menge Chilipulver.

Grünkohl

Deftiger Eintopf aus Westfalen

3,5 l | 4 | 20 Minuten

1 EL Öl oder pflanzliches Schmalz
1 Zwiebel, fein gewürfelt
100 g Räuchertofu, gewürfelt
600 g mehligkochende Kartoffeln, in Würfeln von 1 x 1 cm
600 g TK-Grünkohl, aufgetaut, Wasser etwas abgegossen
250 ml Gemüsebrühe (selbst gekocht oder Instant)
1 EL Senf
Prise Zucker
Salz, Pfeffer

1. Fett in einem separaten Topf zerlassen, Zwiebel und Räuchertofu darin einige Minuten andünsten. In den Keramikeinsatz des Slow Cookers geben. Die Kartoffelwürfel darüberschichten, obenauf den aufgetauten und etwas abgetropften Grünkohl verteilen. Beide Lagen leicht salzen und gut pfeffern.

2. Gemüsebrühe mit Senf verrühren und mit Salz, Pfeffer und einer Prise Zucker abschmecken. Über das Gemüse gießen. Deckel aufsetzen und bevorzugt auf HIGH etwa 5 Stunden garen (LOW etwa 10–11), bis die Kartoffeln weich sind.

LOW 10–11 Std. | HIGH 5 Std.

Tipp Auf HIGH gelingen Kartoffeln besser, weil sie wegen ihrer harten inneren Struktur einen größeren »Hitzeschub« brauchen, um weich zu werden – erst recht gilt das für festkochende Sorten.

Karotteneintopf

Familienküche aus Deutschland

3,5 l | 6 | 15 Minuten

750 g Karotten, in 5 mm dünne Scheiben geschnitten
750 g mehligkochende Kartoffeln, in Würfeln von 1 cm Kantenlänge
400 ml Gemüsebrühe (selbst gekocht oder Instant)
Salz, Pfeffer, 1 Prise Zucker
50 g Butter

1. Die Karotten und Kartoffeln in den Einsatz des Slow Cookers geben, salzen, pfeffern und durchrühren. Gemüsebrühe angießen.

2. Bevorzugt auf Stufe HIGH etwa 4,5 Stunden (LOW etwa 8–9) garen, bis das Gemüse weich ist.

3. Eine Tasse Brühe entnehmen (oder weniger, wenn Sie das Gemüse nicht so fest mögen). Mit einem Kartoffelstampfer bis zur gewünschten Textur zerdrücken, Butter darübergeben und schmelzen lassen.

LOW 8–9 Std. | HIGH 4,5 Std.

Tipp: Bei uns gibt es dazu vegetarische »Wiener« oder (Veggie-)Frikadellen.

Haupt-
gerichte

Schmorgurken-Topf

Würziges Sommergericht

1,5 l | 2–3 | 15 Minuten

2–3 Schmor- oder Salatgurken, geschält (etwa 500 g)
Salz, Pfeffer
150 g saure Sahne
1–2 TL süßer Senf
50 ml Gemüsebrühe (selbst gekocht oder Instant)
½ TL Speisestärke
250 g Veggie-»Hack« (aus der Kühltheke)
1 EL Öl
1 Zwiebel, fein gewürfelt
½ Bund Dill

1. Die Gurken schälen, längs halbieren und mit einem scharfen Löffel die Kerne auskratzen. Die Gurken in etwa 1 cm breite Stücke schneiden und in den Einsatz des Slow Cookers legen. Salzen und pfeffern.

2. Sahne, Senf, Brühe und Speisestärke verquirlen und über die Gurken geben. Slow Cooker auf HIGH anstellen.

3. Das Veggie-»Hack« mit der Zwiebel in dem heißen Öl in einer Pfanne krümelig braten, kräftig salzen und pfeffern. Auf die Gurkenstücke geben. Auf Stufe LOW 3–4 Stunden garen.

4. Gemüse durchrühren. Den Dill abbrausen, trockenschütteln, fein hacken und unter das Gericht ziehen.

LOW 3–4 Std. | HIGH nicht empfohlen

Tipp

Zum Schmorgurken-Topf passen am besten Salzkartoffeln und ein weiterer Klecks saure Sahne. Die doppelte Menge passt gut in einen 3,5-l-Topf.

Gemüselasagne

Gefüllt mit Ratatouille

3,5 l | 6 | 30 Minuten

1 EL Öl
250 g Ricotta
75 g Parmesan, gerieben
Pfeffer
1 Rezept Ratatouille (Seite 109)
8–12 Lasagne-Nudelplatten

1. Den Einsatz des Slow Cookers mit dem Öl ausstreichen. Ricotta mit 50 g Parmesan verrühren und die Masse mit Pfeffer würzen.

2. Eine Schicht Lasagne-Nudeln in den Slow Cooker legen (Nudeln zurechtbrechen, falls sie nicht passen). 3–4 Esslöffel Ratatouille einfüllen, darüber kleckweise ein Viertel der Ricottamasse verteilen.

3. Die Lasagne weiter schichten, bis alles verbraucht ist: Nudeln, Gemüse mit Sauce, Ricotta. Restlichen Parmesan obenauf streuen.

4. Auf Stufe HIGH 2,5–3 Stunden garen, auf LOW sind es 5–6.

LOW 5–6 Std. | HIGH 2,5–,3 Std.

Tipp: Wenn Sie einen rechteckigen »Auflauf«-Slow-Cooker besitzen: In den passt die doppelte Menge dieser Zutaten.

Tipp

Dieses Rezept funktioniert in einem großen Slow Cooker oder in einem mit »Auflaufform«. Kleinere Mengen lohnen kaum den Aufwand. Der restliche Kohl kann gut für Krautsalat verwendet werden.

Sonntags-Kohlrouladen

Etwas mehr Aufwand, aber köstlich

6,5 l | 4–6 | 40 Minuten

1 Kopf Spitzkohl oder Weißkohl

Für die Füllung

100 g Sojagranulat
200 ml Gemüsebrühe (selbst gekocht oder Instant), warm
1 EL Sojasauce
2 EL Öl
150 g Zwiebel, fein gewürfelt
1 Knoblauchzehe, zerdrückt
½ Bund Petersilie, fein gehackt
50 g Walnüsse oder Sonnenblumenkerne (auch gemischt), gehackt
1 Ei
150 g Schmand
40 g Parmesan
Salz, Pfeffer

Für die Sauce

10 g getr. Steinpilze
1 Lorbeerblatt
50 g Schmand
1 EL Mehl oder dunkler Saucenbinder

1. Einen großen Topf Wasser zum Kochen bringen. Den Kohl hineintauchen und immer nach 1–2 Minuten umdrehen und das oberste, blanchierte Blatt ablösen. So lange wiederholen, bis man etwa 12 große, schöne Blätter hat.

2. Für die Füllung das Granulat in der warmen Gemüsebrühe mit Sojasauce einweichen. Währenddessen das Öl in einem Topf erhitzen und Zwiebel und Knoblauch darin glasig dünsten. Petersilie und Nüsse kurz mitrösten. Abkühlen lassen.

3. Zwiebelmasse und abgetropftes Granulat mit Schmand, Ei und Parmesan vermengen, mit Salz und Pfeffer kräftig abschmecken.

4. Jeweils gut einen Esslöffel der Füllung auf ein Kohlblatt geben, zu einem Päckchen zusammenfalten.

5. Jedes Päckchen von einer Seite kurz in Fett anbraten, in den Slow-Ccooker legen. 3–4 Schöpfkellen Kohl-Blanchierwasser, die Steinpilze und das Lorbeerblatt zugeben, Deckel aufsetzen. Etwa 4 Stunden auf HIGH oder 8 auf LOW garen.

6. Kohlpäckchen und Lorbeerblatt entnehmen, Schmand einrühren. Sauce nach Wunsch mit angerührtem Mehl oder Saucenbinder andicken. Dazu Salzkartoffeln servieren.

LOW 8 Std. | HIGH 4 Std.

Gemüse-Käse-Quiche

Viel unkomplizierter als die Backofen-Version

3,5 l | 4–6 | 20 Minuten

- 2 TL Olivenöl
- 1 Zwiebel, fein gehackt
- je 200 g Brokkoli und Blumenkohl in kleinen Röschen (oder nur eine Sorte)
- 4 EL Gemüsebrühe oder Wasser
- 300 ml Buttermilch
- 3 Eier
- 75 g Weizenmehl (Weißmehl oder Vollkorn)
- ½ TL Natron
- Salz, Pfeffer, Muskatnuss
- 125 g geriebener Käse (am besten eine kräftige Sorte)

1. Den Keramikeinsatz des Slow Cookers leicht ausfetten, beiseitestellen.

2. Öl in einem breiten Topf erhitzen, Zwiebel darin zugedeckt glasig dünsten. Dann die Kohlröschen zugeben, Wasser oder Brühe angießen, etwas mit Salz würzen und zugedeckt 5 Minuten dünsten. Beiseitestellen.

3. Aus Buttermilch, Eiern, Mehl, Natron, Salz, Pfeffer und Muskatnuss einen Teig rühren, zwei Drittel des Käses und die Gemüsemischung unterheben. Alles in den Slow Cooker geben, restlichen Käse aufstreuen.

4. Deckel aufsetzen und 4–5 Stunden auf Stufe LOW garen. Mit einem Spatel die Ecken lockern, die Quiche auf einen Teller stürzen, portionieren und heiß servieren.

LOW 4–5 Std. | HIGH nicht empfohlen

Tipp

Das Rezept funktioniert auch gut mit blanchiertem Rosenkohl – und lässt sich bis auf Schritt 4 gut am Vorabend vorbereiten.

Zweierlei gefüllte Kartoffeln

»Gebackene« Kartoffeln mit pikanten Toppings

3,5 l | 4 | 20 Minuten

2 Süßkartoffeln
2 Backkartoffeln
2 EL Öl

Für die Bohnen-Füllung
1 Zwiebel, in feinen Ringen
½ rote Paprikaschote, in Streifen
1 Dose rote Bohnen (255 g Abtropfgewicht), abgegossen
Salz, Pfeffer, Kreuzkümmel
50 g saure Sahne

Für die Ei-Füllung
4 Eier
50 ml Milch
75 g geriebener Käse (Cheddar oder Gouda)
Salz und Pfeffer
2 Tomaten, gewürfelt

1. Die Süßkartoffeln und Backkartoffeln gut abwaschen, einige Male mit einer Gabel einstechen und mit Öl einreiben. In den Einsatz des Slow Cookers legen. Auf Stufe HIGH etwa 3,5–4 oder auf LOW etwa 7–8 Stunden garen, bis die Kartoffeln weich sind.

2. Kartoffeln längs durchschneiden, etwas aushöhlen und auf Stufe WARM (oder LOW) im Slow Cooker warm halten. Währenddessen die Füllungen zubereiten.

3. Für die Bohnen-Füllung Zwiebel und Paprikaschote in einer Pfanne glasig dünsten. Bohnen zugeben, mit Salz, Pfeffer und Kreuzkümmel würzen und 5 Minuten erhitzen. In die Süßkartoffelhälften füllen und etwas saure Sahne obenauf geben.

4. Für die Ei-Füllung Eier mit Milch, Käse, Salz und Pfeffer verschlagen und in einer Pfanne daraus Rührei zubereiten. Mit Tomatenwürfeln in die Kartoffelhälften füllen.

LOW 7–8 Std. | HIGH 3,5–4 Std.

Tipp Auch das Chili sin Carne (Seite 43) oder die Tofu-Bolognese (Seite 105) schmeckt sehr gut als Füllung.

Shakshuka

Würzige Paprikasauce mit Ei

2,4 oder 3,5 l | 2–3 | 15 Minuten

2 EL Olivenöl
1 Zwiebel, gehackt
2 Knoblauchzehen, zerdrückt
2 EL Tomatenmark
500 g reife Tomaten, gehackt
1–2 rote Paprikaschoten, in Streifen
½ TL Paprika edelsüß oder scharf (nach Geschmack)
Kreuzkümmel, Salz, Pfeffer, Chili
4 Eier

Zum Servieren
Petersilie, gehackt

1. Öl erhitzen, Zwiebeln und Knoblauch darin glasig dünsten. Tomatenmark einrühren und kurz mitrösten.

2. Alles in den Slow Cooker füllen, Tomaten und Paprikastreifen zugeben. Mit Paprikapulver, Kreuzkümmel, Salz, Pfeffer und Chili abschmecken.

3. Deckel aufsetzen und 3 Stunden auf Stufe HIGH oder 6 Stunden auf LOW garen.

4. Alles durchrühren und 4 Mulden in die Sauce drücken. Jeweils 1 Ei hineinschlagen. Mit einem Kochlöffelstiel so durch den Topf fahren, dass das Eigelb ganz bleibt und sich das Eiweiß leicht mit der Sauce vermischt. Weitere 15–30 Minuten mit Deckel auf HIGH garen, bis das Eiweiß gestockt und das Eigelb noch leicht weich ist.

LOW 6 Std. + 30 Min. | HIGH 3,5 Std.

Tipp In Israel ist Shakshuka ein Frühstücksgericht; uns schmeckt es mit Brot oder Röstbrot zum Abendessen. Am besten mit viel Petersilie bestreuen!

Gefüllte Zucchini mit Reis

Tolles Sommergericht

1,5 l | 2 | 25 Minuten

2 kleine runde Zucchini
1 EL Öl
1 Knoblauchzehe, zerdrückt
1 Zwiebel, gehackt
Salz, Pfeffer
2 gehäufte. EL gekochter Reis
2 EL gehackte frische Kräuter (Petersilie, Thymian, Majoran, Oregano)
75 g geriebener Cheddar (oder mittelalter Gouda)
150 ml Gemüsebrühe (selbst gekocht oder Instant)

1. Von den Zucchini einen Deckel abschneiden. Die Kerne ausschaben und anderweitig verwerten. Weiteres Fruchtfleisch mit einem scharfen Löffel entfernen (0,5 cm stehen lassen) und in sehr feine Würfel hacken, ebenso einen Teil der Deckel (ohne Stiel).

2. Öl in einer Pfanne erhitzen und darin Knoblauch und Zwiebel einige Minuten glasig dünsten. Die Zucchinistücke zugeben und alles mit Salz und Pfeffer kräftig würzen. Nochmals zwei Minuten dünsten, dann Reis, Kräuter und ²/₃ des Käses unterheben.

3. Die Masse auf die beiden Zucchini verteilen und in den Slow Cooker setzen. Gemüsebrühe angießen und auf Stufe HIGH etwa 3–3,5 Stunden garen, auf LOW sind es 6–7 Stunden. 30 Minuten vor Garzeitende den restlichen Käse aufstreuen und schmelzen lassen.

LOW 6–7 Std. | HIGH 3–3,5 Std.

Tipp

Die doppelte Menge passt gut in einen 3,5er-Topf – oder messen Sie einfach aus, wie viele runde Zucchini Sie in Ihren Slow Cooker einpassen können.

Gefüllte Paprika mit Couscous

Mit nordafrikanischer Würze

6,5 l | 6 | 25 Minuten

6 Paprikaschoten, rot oder gelb
500 g passierte Tomaten (Dose)
1 Knoblauchzehe, zerdrückt
1 EL Baharat (orientalisches Gewürz, ersatzweise Paprika, gem. Koriander, Pfeffer, Kardamom, Kreuzkümmel, Zimt)
Salz, Pfeffer
225 ml Gemüsebrühe (selbst gekocht oder Instant)
175 g Couscous
50 g Rosinen
50 g Frühlingszwiebeln, fein gehackt
½ Bund glatte Petersilie, fein gehackt
50 g geriebener Käse (kräftig, z. B. alter Gouda oder Cheddar)

1. Von den Paprikaschoten einen Deckel abschneiden und das Innere säubern. Das Fruchtfleisch von den Deckeln sehr fein würfeln und beiseitestellen. Die Tomaten mit zerdrückter Knoblauchzehe, Baharat, Salz und Pfeffer verrühren.

2. Für die Füllung die Gemüsebrühe erhitzen und den Couscous nach Packungsanweisung darin garen. Nach etwas Ziehzeit mit einer Gabel auflockern und Rosinen, Frühlingszwiebeln, Petersilie und die zurückbehaltenen Paprikawürfel untermischen. Mit Salz und Pfeffer abschmecken.

3. Die Paprikaschoten mit dem Couscous füllen und in den Slow Cooker setzen. Je 2 EL Tomatensauce und etwas Käse darübergeben, restliche Tomatensauce angießen. Auf Stufe LOW etwa 5–6 Stunden garen auf HIGH sind es 2,5–3 Stunden.

LOW 5–6 Std. | HIGH 2,5–3 Std.

Tipp Grüne Paprikaschoten werden manchmal beim Langsamgaren bitter. Mit roten oder gelben Schoten passiert Ihnen das nicht.

Tofu mit Brokkoli

Schnelle Langsamküche – macht wenig Arbeit

1,5 l | 2 | 10 Minuten

300–400 g Brokkoli, in nicht zu große Röschen geteilt
250 g fester Tofu, in 1 cm großen Würfeln
1 gestr. EL Speisestärke
100 ml Gemüsebrühe (selbst gekocht oder Instant)
50 ml dunkle Sojasauce
25 g brauner Zucker
1 TL Sriracha (oder Sambal Oelek bzw. Chilipulver nach Geschmack)
2 Knoblauchzehen

1. Den Brokkoli auf den Boden des Slow-Cooker-Einsatzes legen. Tofuwürfel mit Speisestärke bestäuben und obenauf verteilen.

2. Alle Saucenzutaten verrühren, die Knoblauchzehen dazupressen und die Sauce über Brokkoli und Tofu gießen.

3. Auf Stufe HIGH 2–2,5 Stunden oder auf LOW 4–5 Stunden garen. Idealerweise zwischendurch einmal durchrühren. Heiß zu Reis servieren, mit Sesamsamen oder Frühlingszwiebeln bestreuen.

LOW 4–5 Std. | High 2–2,5 Std.

Tipp: Der Gemüseanteil lässt sich auch erhöhen, indem man Karottenscheibchen mitschmort. Diese müssen allerdings millimeterdünn geschnitten werden, da sie eine wesentlich längere Garzeit haben als Brokkoli. Zudem gehören sie ganz nach unten in den Topf.

Tomaten-Kräuter-Frittata

Superschnell vorbereitet

1,5 l oder 2,4 l | 2 | 5 Minuten

2 EL Öl
150 g Kirschtomaten
5 Eier
3 EL Milch
50 g Feta oder Schafskäse, zerkrümelt
2 TL gemischte frische Kräuter (Petersilie, Thymian, Basilikum, Schnittlauch), gehackt
Salz, Pfeffer

1. Das Innere des Slow Cookers mit dem Öl ausreiben, die Kirschtomaten halbieren und in den Einsatz legen.

2. Die Eier mit Milch verschlagen, den Käse und die Kräuter zugeben. Mit Salz und Pfeffer abschmecken.

3. Eiermasse auf die Tomaten gießen, Deckel aufsetzen. Auf Stufe HIGH knapp 2 Stunden stocken lassen, auf LOW sind es gut 3 Stunden.

LOW 3–4 Std. | HIGH 1,5–2 Std.

Pilz-Gemüse-Korma

Mit einer nussig-köstlichen Sauce

3,5 l | 4 | 25 Minuten

Für den Saucenansatz

2 EL Ghee
1 TL Kreuzkümmelsamen
je ½ TL Bockshornklee, Senfsaat und Koriander, ganz
2 Zwiebeln, gehackt
2 Knoblauchzehen, zerdrückt
1 Stück frischer Ingwer, walnussgroß, fein gehackt
200 g Tomate, gehackt
50 g Tomatenmark
1 TL Korianderpulver
2 TL Garam Masala
1 TL Salz
½ TL Kurkuma
Chilipulver nach Geschmack
400 ml Kokosmilch (Dose)
1 TL Limetten- oder Zitronensaft
100–250 ml Wasser

Gemüsemischung

200 g Kartoffeln, geschält, in Würfeln
150 g Karotten, in Scheibchen
250 g Champignons, geputzt, halbiert
150 g grüne TK-Brechbohnen (aufgetaut)
150 g TK-Erbsen (aufgetaut)

Zum Fertigstellen

1 Handvoll Cashewnüsse
50 ml Wasser
Koriander, frisch, gehackt

1. Ghee in einem Topf erhitzen, die ganzen Gewürze (Kreuzkümmelsamen, Bockshornklee, Senfsaat und Koriander) hineingeben und rösten, bis sie zu platzen beginnen. Zwiebeln, Ingwer und Knoblauch hinzufügen und rösten, bis alles glasig ist – das dauert etwa 5 Minuten.

2. Tomaten, Tomatenmark und die Gewürzpulver dazugeben, mit Kokosmilch, Zitronensaft und Wasser ablöschen (Wassermenge je nach gewünschter Dicke der Sauce). Kurz aufkochen lassen, Kartoffeln und Karotten zugeben und etwa 5 Minuten kochen, damit diese »harten« Gemüsesorten einen Garvorsprung haben.

3. Alles in den Slow Cooker füllen, das restliche Gemüse zugeben, Deckel aufsetzen. Auf Stufe LOW 4–6 Stunden (HIGH sind es 2-3 Stunden) garen.

4. Cashewnüsse im Mixer mit dem Wasser zu einer Paste zerkleinern und ins Curry rühren. Mit gehacktem Koriander bestreuen.

LOW 4–6 Std. | HIGH 2–3 Std.

Mac and Cheese

Käsenudeln wie in den USA

3,5 l | 4 | 5 Minuten

1 EL Öl
250 g kurze Makkaroni oder Hörnchennudeln, kurze Kochzeit
300 ml Milch
200 ml Kaffeesahne (10 %, oder Kochsahne)
Salz, Pfeffer, Paprikapulver
½ TL Senf
1 Prise Knoblauchsalz
150 g geriebener Cheddar (oder anderer kräftiger Käse)
75 g geriebener Mozzarella (oder anderer milder, gut schmelzender Käse)

1. Den Einsatz des Slow Cookers leicht ausfetten. Die Nudeln einfüllen.

2. Milch und Kaffeesahne mit Salz (sparsam wegen des Käses), Pfeffer und Paprika (reichlich) würzen, Senf, Knoblauchsalz und die Käsesorten einrühren. Über die Nudeln gießen und durchrühren.

3. Deckel aufsetzen und Topf auf LOW stellen. Nach 1 Stunde erstmals rühren, dann weiterhin alle Viertelstunde. Die Nudeln sind gar, wenn sich keine »dünne« Sahne mehr im Topf befindet und die Nudeln alle Flüssigkeit aufgesogen haben. Dann den Deckel abnehmen und sofort servieren – Warm halten bekommt dem Gericht nicht.

LOW 1,5–2 Stunden | HIGH nicht empfohlen

Tipp

In Schritt eins können Sie auch gleich mehr Rote-Bete-Knollen in einem großen Slow Cooker garen. Die geschälten, gegarten Kugeln lassen sich gut einfrieren.

Rote-Bete-Carpaccio mit Ziegenkäse

Winterlicher Mahlzeit-Salat

2,4 oder 3,5 l | 4 | 15 Minuten

2–3 kleine Rote-Bete-Knollen, roh
1 EL Honig
2 EL Balsamessig
2 EL Olivenöl
1 Knoblauchzehe, in Stiften
200 g Pflück- oder Feldsalat
1 Ziegenkäserolle (oder 100 g Ziegenfrischkäse, wer es milder mag)
1 Handvoll Walnüsse

Für das Dressing

1 EL Honig
1 TL Dijon-Senf
1 EL Balsamessig, dunkel
2 EL Öl
Salz, Pfeffer

1. Die Rote-Bete-Knollen sehr gründlich waschen (nicht schälen) und tropfnass in den Slow-Cooker-Einsatz geben. 1 cm Wasser angießen und auf Stufe HIGH etwa 3,5–4 Stunden garen, bis sie weich sind (mit einer Nadel als Test hineinstechen, sonst Garzeit verlängern).

2. Die Knollen herausnehmen und schälen, in dünne Scheiben schneiden. Slow-Cooker-Einsatz säubern, Rote-Bete-Scheiben hineinlegen und mit Honig, Balsamessig und Öl beträufeln. Die Knoblauchzehe in dünnen Scheibchen obenauf streuen. Auf HIGH eine weitere Stunde garen.

3. In der Zwischenzeit Salat putzen und auf Tellern anrichten, Ziegenkäse in dünne Scheiben schneiden oder Frischkäse zerbröckeln.

4. Rote-Bete-Scheiben auf den Tellern anrichten, die Zutaten für das Dressing verschlagen und auch die Flüssigkeit aus dem Slow Cooker dazu verwenden. Abschmecken mit Salz und Pfeffer.

5. Salat und Rote Bete mit dem Dressing beträufeln, Walnüsse und Ziegenkäse darübergeben.

LOW nicht empfohlen | HIGH 4,5–5,5 Std

Mungobohnen mit Spinat

Für die indische Veggie-Tafel

1,5 l | 2–3 | 10 Minuten

250 g gelbe Mungobohnen
Salz
100 g TK-Blattspinat, aufgetaut

Für die Würzbutter (Tadka)
2 EL Ghee (Butterschmalz)
1 Knoblauchzehe, zerdrückt
1 Stück Ingwer, haselnussgroß, fein gehackt
½ TL ganze Kreuzkümmelsamen
Chiliflocken nach Geschmack

1. Die Mungobohnen mit reichlich Wasser und etwas Salz in den Einsatz des Slow Cooker geben. Auf Stufe LOW etwa 3–3,5 Stunden garen, bis die Hülsenfrüchte weich sind, aber noch etwas Biss haben. Abgießen und wieder in den Topf geben.

2. Den ausgedrückten Spinat unter die Bohnen mischen und 15–30 Minuten auf LOW erhitzen. Währenddessen die Würzbutter zubereiten: Ghee in einen Topf geben, restliche Zutaten unterrühren. Auf mittlerer Stufe so lange köcheln lassen, bis der Knoblauch hellbraun ist.

3. Bohnen vor dem Servieren mit der Würzbutter begießen.

LOW 3,5–4 Std. | HIGH nicht empfohlen

Tipp Die leicht verdaulichen und eiweißreichen Mungobohnen schmecken ähnlich wie Linsen. Ihre indische Note bekommen sie erst durch das Tadka – die Würzbutter obenauf.

Süßkartoffelgratin

Mit viel Käse obenauf

2 oder 2,4 l | 2 | 10 Minuten

1 EL Öl
500 g Süßkartoffeln, geschält
1 Zwiebel, in sehr feinen Ringen
100 ml Kochsahne
1 Knoblauchzehe, durchgepresst
1 TL Speisestärke
Salz, Pfeffer, Gemüsebrühen-Pulver
75 g geriebener Cheddar

1. Den Einsatz des Slow Cookers mit dem Öl ausreiben. Die Süßkartoffeln in etwa 3 mm dünne Scheiben schneiden und abwechselnd mit den Zwiebelringen in den Einsatz schichten. Dabei leicht salzen und pfeffern.

2. Kochsahne mit Knoblauch und Speisestärke verrühren und mit Salz, Pfeffer und Brühepulver abschmecken. Über die Süßkartoffeln gießen und mit Käse bestreuen.

3. Deckel aufsetzen und auf Stufe HIGH 3,5–4 Stunden garen, auf LOW 7–8. Idealerweise den Topfeinsatz einmal zwischendurch schwenken, um die Flüssigkeit zu verteilen.

LOW 7–8 Std. | HIGH 3,5–4 Std.

Tipp

Das Rezept funktioniert mit »normalen« Kartoffeln nur eingeschränkt. Sie brauchen eine längere Garzeit, was dazu führt, dass das Gratin bei »heißen Töpfen« am Rand anhängen kann, während die Kartoffeln in der Mitte noch nicht weich sind. Daher bevorzuge ich für klassisches Kartoffelgratin den Backofen, bei Süßkartoffeln nehme ich den Slow Cooker.

Auberginen-Parmigiana

Klassische italienische Küche

3,5 l oder größer | 4 | 10 Minuten

1 EL Öl
2 kleine Auberginen
Salz, Pfeffer, Knoblauchgranulat
2 Kugeln Mozzarella-Käse (je 125 g)
300 ml fertige Pastasauce (alternativ siehe Seite 101)
50 g frisch geriebener Parmesan
Kräuter zum Garnieren

1. Den Einsatz des Slow Cookers leicht mit dem Öl ausfetten. Auberginen in etwa fingerdicke Scheiben schneiden, von beiden Seiten mit Salz, Pfeffer und Knoblauch würzen.

2. Den Mozzarella ebenfalls in dünne Scheiben schneiden und jeweils eine Auberginen- mit einer Käsescheibe belegen

3. Die Scheiben leicht überlappend in den Slow-Cooker-Einsatz schichten. Jede Scheibe mit etwas Sauce bedecken, den geriebenen Parmesan obenauf streuen und Deckel aufsetzen.

4. Auf Stufe HIGH etwa 4,5–5 Stunden (9–10 Stunden auf LOW) garen, dann noch 15 Minuten bei offenem Deckel ziehen lassen.

5. Mit Kräutern garnieren und zu knusprigem Brot oder zu Reis servieren.

LOW 9 Std. | HIGH 4,5 Std.

Tipp Am ansehnlichsten gelingt dieser Auflauf in einem rechteckigen »Auflauf«-Slow-Cooker oder einem 6,5-l-Gerät – dann muss man die Scheiben nicht übereinanderschichten.

Gemüse-Biryani

Reisgericht aus Indien

3,51 4 30 Minuten

400 g Basmati-Reis
75 g Cashewnüsse
2 EL Öl
1 Knoblauchzehe, zerdrückt
100 g Zwiebel, in feinen Würfeln
2 cm Ingwer, gerieben
1 TL Currypulver
1 TL Garam Masala
je ½ TL Kurkuma und Kreuzkümmel
1 Prise Zimt
je 125 g grüne Bohnen und Erbsen (TK)
1 rote Paprikaschote, in Streifen
350 ml Gemüsebrühe
Salz, Pfeffer
einige Safranfäden
1 EL kochendes Wasser
1 TL Rosenwasser

Zum Servieren
Korianderblättchen

1. Den Basmatireis in reichlich kaltem Wasser einweichen und dieses nach 1 Stunde austauschen; etwa 2–3 Mal wiederholen. Die Cashewnüsse trocken in einer Pfanne anrösten, beiseitestellen.

2. Das Öl erhitzen, darin Knoblauch und Zwiebeln bei mittlerer Hitze sehr glasig dünsten, am Ende für 2 Minuten auch den Ingwer. In den Einsatz des Slow Cookers geben. Gewürze, Gemüse und die Hälfte der Nüsse obenauf geben, mit Gemüsebrühe begießen, mit Salz und Pfeffer abschmecken. Deckel aufsetzen und den Slow Cooker auf LOW stellen.

3. Safranfäden in kochendes Wasser geben und quellen lassen, Rosenwasser zugeben.

4. Den Reis etwa zweifingerbreit mit frischem Wasser bedecken, leicht salzen und etwa 5 Minuten vorkochen, abgießen.

5. Reis auf die Gemüsemischung im Slow Cooker geben, das Safranwasser aufträufeln. Eine doppelt gefaltete Lage Papiertücher auf den Topf legen, Deckel aufsetzen. Auf LOW etwa 2,5–3 Stunden garen. Mit restlichen Nüssen und Koriander servieren.

LOW 2,5–3 Std. I HIGH nicht empfohlen

Tipp

Dieses vegetarische Biryani macht eine Menge Arbeit, aber der Aufwand lohnt sich! All das Einweichen und Vorgaren sorgt für fluffig-trockenen Reis, der wunderbar aromatisch ist.

Enchilada-Auflauf

Viva Mexiko!

3,5 l | 4 | 20 Minuten

1 EL Öl
2 Zwiebeln, fein gehackt
250 g Veggie-»Hack« (aus der Kühltheke)
2 EL Taco-Gewürzmischung (oder Kreuzkümmel, Oregano, Knoblauchpulver nach Geschmack)
1 Dose Kidney-Bohnen (255 g Abtropfgewicht)
1 Dose Mais (285 g Abtropfgewicht)
1 Dose gehackte Tomaten (400 g)
100 ml Salsa-Dip (fertig gekauft)
50 g Tomatenmark
50 ml Wasser
Chilipulver nach Geschmack
4–6 Weizenmehl Wraps
200 g geriebener Käse (Mozzarella oder Emmentaler)

Zum Garnieren
Saure Sahne, Tomatenwürfel, Koriander

1. Das Öl in einer Pfanne erhitzen, Zwiebeln und Veggie-Hack darin krümelig braten, Taco-Gewürz aufstreuen.

2. Bohnen und Mais abtropfen lassen. In einer Schüssel gehackte Tomaten, Salsa, Tomatenmark und Wasser verrühren. Etwa 100 ml abnehmen. Unter den Rest der Sauce »Hack«-Masse und Gemüse mischen.

3. Den Einsatz des Slow Cookers leicht mit Öl einstreichen. 1 Wrap-Fladen einlegen, ¼ der Füllung daraufgeben, ¼ des Käses aufstreuen. Diesen Vorgang noch dreimal wiederholen. Obenauf die abgenommene Tomatensauce streichen und den restlichen Käse aufstreuen.

4. Deckel aufsetzen. Auf Stufe LOW 4–5 Stunden, auf HIGH 2–3 Stunden garen. In Stücke schneiden und sofort servieren – zum Beispiel mit saurer Sahne, Tomatenwürfeln und Koriander.

LOW 4–5 Std. | HIGH 2–3 Std.

Tipp Dieses Rezept funktioniert am besten in einem runden Slow Cooker (3,5 l oder größer). Wer so einen nicht hat, kann die Wraps für einen ovalen Topf einfach ein bisschen zurechtschneiden. Sie brauchen dann eventuell ein paar Fladen mehr.

Linsen-Kokos-Curry

Gesunde Hülsenfrüchte und Gemüse

3,5 l | 4 | 20 Minuten

1 Zwiebel, gehackt
1 Knoblauchzehe, zerdrückt
1 walnussgroßes Stück Ingwer,
175 g braune Linsen
1 Süßkartoffel, geschält, in Würfeln (etwa 250 g)
2 Karotten, in Scheibchen (150 g)
1 Dose gehackte Tomaten (400 ml)

Für die Sauce

500 ml Kokosmilch
150 ml Gemüsebrühe oder Wasser
1 Dose Tomatenmark (70 g)
1 EL Garam Masala
1 EL Curry (scharf oder mild, nach Geschmack)
1 TL Salz

Zum Garnieren

Frischer Koriander und (Soja-) Joghurt

1. Gemüse und die gehackten Tomaten in den Einsatz des Slow Cookers geben.

2. Kokosmilch mit Wasser, Tomatenmark und den Gewürzen verquirlen und abschmecken. Wer gerne scharf isst, kann auch noch Chilipulver zugeben.

3. Auf Stufe HIGH etwa 3,5–4 Stunden garen, auf LOW sind es 7–8 Stunden.)

4. Mit (veganem) Joghurt und frischem Koriander servieren.

LOW 7–8 Std. | HIGH 3,5–4 Std.

Tipp Ja, es gibt schönere Currys – aber keins, das weniger Arbeit macht und trotzdem so lecker schmeckt! Wer mehr Farbe im Essen möchte, kann 30 Minuten vor Garzeitende auch noch 1 Handvoll TK-Erbsen zufügen oder von Anfang an TK-Bohnen.

Spinat-Käse-Frittata

Leichter, sommerlicher Lunch

3,5 l | 4 (kleine Portionen) | 15 Minuten

2 EL Öl
1 Zwiebel, fein gewürfelt
1 Knoblauchzehe, durchgepresst
100 g TK-Spinat, aufgetaut und ausgedrückt
Salz, Pfeffer
4 Eier
4 Eiweiß
1 Fleischtomate, gehackt
100 g geriebener Mozzarella

1. Öl in einem separaten Topf erhitzen. Zwiebel und Knoblauch darin glasig dünsten. Spinat zugeben und durchrühren.

2. Eier und Eiweiß in einer Schüssel verschlagen, Spinatmasse und Tomatenwürfel zugeben. 2/3 des Käses unterrühren. Alles kräftig mit Salz und Pfeffer würzen.

3. Das Innere des Slow Cookers leicht mit etwas Öl ausreiben. Gemüse-Ei-Masse einfüllen, mit restlichem Käse bestreuen.

4. Deckel aufsetzen, bevorzugt auf LOW (bei HIGH kann der Rand zu braun werden) 4–5 Stunden garen.

LOW 4–5 Std. | HIGH nicht empfohlen

Tipp: Wer keine Eigelbe übrig behalten möchte, nimmt statt der 4 Eiweiß 2 zusätzliche ganze Eier.

Kartoffelcurry Kaschmir

Ganz schnell vorbereitet

3,5 l | 4 | 20 Minuten

2 große Zwiebeln
4 Knoblauchzehen
1 walnussgroßes Stück Ingwer
2 frische Tomaten
400 ml gehackte Tomaten (Dose)
2 EL Erdnussbutter
2 EL Garam Masala
1 TL Kurkuma
1 TL Salz
1 TL Koriandersamen
Chilipulver nach Geschmack (ich hatte ¼ TL)
100 g Naturjoghurt
50 ml Wasser
2 EL Öl
1,4 kg kleine Kartoffeln, geschrubbt, in walnussgroße Stücke geschnitten

Zum Garnieren

Joghurt, Koriander, Frühlingszwiebeln

1. Alle Zutaten von Zwiebeln bis Koriandersamen in einen stabilen Mixer oder Zerhacker geben und sehr fein hacken. In den Slow Cooker geben. Mixbecher mit Joghurt, Wasser und Öl ausspülen und Flüssigkeit ebenfalls in den Slow Cooker geben.

2. Die Kartoffeln entweder auf passende Größe schneiden oder (wenn sie ganz bleiben) einige Male mit einem Messer einstechen. Mit der Sauce im Slow Cooker vermengen.

3. Auf Stufe HIGH etwa 4–5 Stunden garen, bis die Kartoffeln weich sind. LOW wird nicht empfohlen, weil gerade sehr langsame Slow Cooker die Knollen dann nur schwer durchgaren.

4. Durchrühren und nochmals mit Salz abschmecken. Mit Joghurt, Koriander und Frühlingszwiebeln entweder zu Reis oder zu Naan-Brot servieren.

LOW nicht empfohlen | HIGH 4–5 Std.

Tipp: In asiatischen Küchen gelten Kartoffeln nicht als Beilage, sondern als Gemüse wie jedes andere auch. Probieren Sie aus, wie gut diese Kartoffeln in würziger Sauce zu Reis passen!

Tofu süßsauer

Schmeckt wie im Chinarestaurant

3,5 l | 4 | 20 Minuten

200 g fester Tofu
1 TL Speisestärke
1 EL Erdnussöl
1 große Karotte, in dünnen Scheibchen
1 große Zwiebel, in Achteln
1 gelbe Paprikaschote, in Streifen
500 g Brokkoli, in Röschen
1 Dose Ananas (236 ml Inhalt), abgetropft, Saft aufgefangen

Für die Sauce
75 ml Ananassaft
150 ml Wasser
45 g Zucker
50 ml Essig
50 ml Ketchup
2 EL Sojasauce
1 EL Speisestärke, leicht gehäuft
Sambal Oelek nach Geschmack

Zum Servieren
Gehackte Frühlingszwiebeln

1. Den Tofu abtrocken, in mundgerechte Würfel schneiden und in Speisestärke wälzen. Öl in einem separaten Topf erhitzen und Tofu darin rundum braun anbraten. In den Einsatz des Slow Cookers geben.

2. Das vorbereitete Gemüse zum Tofu geben. Alle Saucenzutaten gründlich verquirlen und mit mehr oder weniger Sambal Oelek pikant abschmecken. Die Sauce über den Tofu und das Gemüse geben und einmal durchrühren.

3. Auf Stufe HIGH etwa 3 Stunden garen, auf LOW sind es 6 Stunden. Zu Reis servieren, mit gehackten Frühlingszwiebeln verzieren.

LOW 6 Std. | HIGH 3 Std.

Tipp Wer gerne viel Sauce mag, kann auch die doppelten Mengen verwenden und über das Gemüse und den Tofu geben.

Spaghettiauflauf

Ein Familienfavorit

3,5 l | 4 | 20 Minuten

250 g Spaghetti
100 g rote Paprikaschote, in Würfeln
4 Frühlingszwiebeln, in Ringen
100 g TK-Erbsen
100 g Veggie-»Wiener« (in Scheibchen) oder Veggie-»Salami« (in Würfeln)
4 Tomaten, reif, in Scheiben

Für den Guss
4 Eier
300 ml Sahne
100 g geriebener Käse (pikant, z. B. Cheddar)
Salz, Pfeffer, Paprika, getr. Oregano

1. Den Einsatz des Slow Cookers leicht ausfetten.

2. Die Spaghetti in Salzwasser knapp al dente kochen, in den letzten 2 Minuten das Gemüse zugeben. Abgießen und in den Slow-Cooker-Einsatz geben. Die »Wurst«-Stücke untermischen und die Tomatenscheiben obenauf legen.

3. Alle Zutaten für den Guss verquirlen und kräftig abschmecken. Guss auf die Nudeln gießen und Deckel aufsetzen.

4. Auf Stufe LOW 3,5–4 Stunden garen, bis die Eimasse gestockt und der Käse geschmolzen ist.

LOW 3,5–4 Std. | HIGH nicht empfohlen

Tipp

Dieses Gericht kommt bei Kindern sehr gut an – aber auch bei Erwachsenen! Zudem ist es preisgünstig, und Sie können sehr gut kleinere Mengen Gemüse und Veggie-»Wurst« darin verwerten.

Beilagen und Saucen

Kartoffel-Feldsalat

So mag man ihn in Österreich

3,5 l | 4 | 20 Minuten

1 kg vorwiegend festkochende Kartoffeln (geschält, in 2 mm dünne Scheiben geschnitten)
800 ml Gemüsebrühe (kräftig, bevorzugt selbst gemacht)

Für das Dressing
6 EL Öl
6 EL Essig
2 TL Senf
1 Prise Zucker
Salz, Pfeffer nach Geschmack
2 Frühlingszwiebeln (in feinsten Ringen)
100 g Feldsalat, geputzt

1. Die Kartoffelscheiben in den Einsatz des Slow Cookers geben, Gemüsebrühe aufgießen. Auf Stufe HIGH etwa 3 Stunden garen, bis die Kartoffeln gar sind, aber noch nicht zerfallen.

2. So viel Gemüsebrühe abgießen (und anderweitig verwenden), dass nur noch 1 cm Flüssigkeit auf dem Boden verbleibt.

3. Alle Zutaten für das Dressing verrühren, abschmecken und über die noch warmen Kartoffeln geben. Lauchzwiebel vorsichtig untermengen.

4. Den Kartoffelsalat etwa 30 Minuten mit geöffnetem Deckel im Einsatz des ausgeschalteten Slow Cookers ziehen lassen, dann den Feldsalat untermischen und sofort servieren.

LOW nicht empfohlen | HIGH 3 Std.

Tipp

Wenn Sie keinen Feldsalat unterheben, sondern in Schritt 3 etwa 200 g Salatgurke in feinen Scheibchen verwenden, haben Sie die bayerische Kartoffelsalat-Version. Nehmen Sie auf keinen Fall mehlig kochenden Kartoffeln, die zerfallen zu unansehnlichen Brocken!

Knoblauch-Kräuter-Kartoffeln

Toll als würzige Beilage oder solo

2,4 oder 3,5 l | 4 | 5 Minuten

1 kg kleine festkochende Kartoffeln (»Drillinge«)
4 EL Olivenöl
1 EL Butter, flüssig
2–4 Knoblauchzehen, zerdrückt
je 3 Zweige Thymian und Rosmarin, frisch, zerzupft (oder je ½ TL getr. Kräuter)
Salz und Pfeffer nach Geschmack
30 g Parmesan, frisch gerieben

1. Die Kartoffeln schrubben und halbieren oder vierteln, sodass die Stücke nicht größer als 2 x 2 cm sind. In den Einsatz des Slow Cookers geben.

2. Olivenöl und Butter in einem Schüsselchen verrühren. Knoblauch und Kräuter hineingeben. Über die Kartoffeln schütten, salzen, pfeffern und durchrühren.

3. Auf Stufe HIGH 2–3 Stunden garen (LOW 4–5), bis die Kartoffeln weich sind.

4. Kurz vor dem Servieren durchrühren und den Parmesan aufstreuen.

LOW 4–5 Std. | HIGH 2–3 Std.

Tipp: Ohne Knoblauch und Käse erhalten Sie »normale« Rosmarinkartoffeln – auch sehr lecker. Bei uns gibt es meist einen Sourcream-Dip dazu.

Gemüse-Bolognese

Heiß geliebte Pastasauce

3,5 l | 6–8 | 25 Minuten

2 EL Olivenöl
2 Zwiebeln, fein gehackt
1 Knoblauchzehe, zerdrückt
200 g Karotten, in 3 mm großen Würfeln
100 g Staudensellerie, in dünnen Scheibchen
150 g Lauch, in dünnen Ringen
150 g rote Paprikaschote, in Würfeln
150 g Zucchini, in dünnen Scheiben

Für die Sauce
800 ml passierte Tomaten
100 g Tomatenmark
1 Knoblauchzehe, zerdrückt
Salz, Pfeffer
1 Prise Zucker
½ TL getr. Oregano
einige Blätter frisches Basilikum

1. Das Öl in einem separaten Topf erhitzen und darin die Zwiebeln, Knoblauch und Karotten einige Minuten anbraten. In den Slow-Cooker-Einsatz geben.

2. Im Topf die Saucenzutaten verrühren und eventuellen Bodensatz mit Röststoffen loskochen. Abschmecken (nicht zu kräftig, die lange Schmorzeit intensiviert die Aromen) und ebenfalls in den Slow Cooker geben. Restliche Gemüsestücke zugeben und gut durchrühren.

3. Deckel aufsetzen und 3,5 Stunden auf Stufe HIGH oder 6,5–7 Stunden auf Stufe LOW garen. Mit Pasta servieren.

LOW 6–7 Std. | HIGH 3–3,5 Std.

Tomaten-Paprika-Sauce

Sommer im Glas

3,5 l | 8 | 20 Minuten

4 EL Olivenöl
2 große Zwiebeln, gehackt
2 Knoblauchzehen, zerdrückt
1,5 kg reife Fleischtomaten
3 rote Paprikaschoten
10 Stiele frische Kräuter (Thymian, Rosmarin, Oregano) oder insgesamt 2 TL getr. Kräuter
Salz, Pfeffer, Zucker

1. Olivenöl, Zwiebeln und Knoblauch in eine mikrowellengeeignete Schüssel geben und 3 Minuten bei höchster Stufe abgedeckt in der Mikrowelle glasig dünsten (alternativ Topf benutzen). In den Einsatz des Slow Cookers geben.

2. Tomaten und Paprika putzen und im Zerkleinerer portionsweise fein hacken; ebenfalls in den Slow Cooker geben. Kräuter einlegen und nach Geschmack würzen.

3. Deckel aufsetzen und 4 Stunden auf Stufe HIGH oder 8 auf LOW garen. Dann umrühren, Kochlöffel zwischen Topf und Deckel setzen (damit Flüssigkeit verdunsten kann) und weitergaren, bis die gewünschte Konsistenz erreicht ist – bei mir hat das weitere 3 Stunden auf HIGH gedauert. Dabei stündlich umrühren.

4. Nach Wunsch nochmals pürieren und heiß in sterilisierte Flaschen oder Gläser abfüllen.

LOW 8 Std. + 3 Std. HIGH | HIGH 7 Std.

Tipp Setzen Sie bei »Ernteüberschüssen« oder Sonderangeboten gerne die doppelte Menge im größeren Slow Cooker an. Die Sauce lässt sich gut einfrieren oder einkochen und passt wunderbar zu den Auberginen Parmigiana (siehe Seite 79).

Tipp Eine »normale« Tomatensauce stellt man genauso her – einfach die Paprikaschote weglassen.

Tofu-Bolognese

Am besten gleich auf Vorrat kochen

3,5 l | 4–6 | 10 Minuten

2 EL Olivenöl
1 große Zwiebel, fein gehackt
1 Knoblauchzehe, zerdrückt
200 g fester Tofu, zerkrümelt
je 75 g Karotte und Sellerie, fein gehackt
je 50 ml Rotwein und Gemüsebrühe
½ rote Paprikaschote, fein gehackt
500 g passierte Tomaten (Dose)
1 Dose Pizzatomaten (425 ml Inhalt)
100 g Tomatenmark
Salz, Pfeffer
getr. Oregano
1 Prise Zucker

1. In einem großen Topf das Öl heiß werden lassen und Tofu, Zwiebel und Knoblauch darin einige Minuten anrösten. In den Einsatz des Slow Cookers geben.

2. Restliche Zutaten in den Topf geben, Wein und Brühe angießen. Mit Salz, Pfeffer, getrocknetem Oregano (nicht zu viel, die lange Kochzeit verstärkt den Geschmack) würzen, alles gut durchrühren.

3. Deckel aufsetzen und 8–9 Stunden auf Stufe LOW oder 4–4,5 Stunden auf HIGH garen.

LOW 8–9 Std | HIGH 4–4,5 Std

Tipp

Die doppelte, sogar die 2 ½ Menge passt gut in einen großen Slow Cooker. Bolognese-Reste lassen sich gut einfrieren und später zum Beispiel für Lasagne verwenden.

Pilzreis

Wunderbar als Beilage oder auch solo

3,5 l | 4 | 20 Minuten

3–4 EL Ghee oder Öl
400–500 g Champignons (weiß oder braun), geputzt, in Scheibchen
1 große Zwiebel, gehackt
1 Knoblauchzehe, zerdrückt
Salz, Pfeffer nach Geschmack
250 g Reis (parboiled)
600 ml Gemüsebrühe (selbst gekocht oder Instant)

Zum Servieren
2 EL Petersilie, gehackt
geriebener Käse

1. Die Hälfte des Fetts in einer großen Pfanne erhitzen und die Pilzscheibchen darin bei großer Hitze mit Salz und Pfeffer kurz anbraten; sie sollten etwas braun werden. In den Einsatz des Slow Cookers geben.

2. Im restlichen Fett bei mittlerer Hitze auch die Zwiebeln und den Knoblauch hellbraun rösten, dann über die Pilze geben. Reis zugeben und Brühe angießen, durchrühren und abschmecken.

3. Auf Stufe HIGH etwa 1,5–2 Stunden garen. Die Kräuter zugeben und durchrühren. Nach Wunsch mit Käse servieren.

LOW nicht empfohlen | HIGH 1,5–2 Std.

Tipp: Die Menge scheint für den 3,5er-Topf eher gering – mehr kann aber dafür sorgen, dass der Reis matschig wird, genau wie Garen auf LOW und die Verwendung anderer Reissorten.

Ratatouille

Gemüsetopf aus der französischen Küche

3,5 l | 4 | 15 Minuten

1 große Aubergine
1 Zwiebel, sehr fein gehackt
2 rote Paprikaschoten, in Streifen
1 Dose Tomaten (425 ml)
1 TL Tomatenmark
2 Knoblauchzehen, zerdrückt
Salz, Pfeffer, Kräuter der Provence
2 EL Olivenöl
2 kleine Zucchini

1. Aubergine in zentimetergroße Würfel schneiden, salzen und etwas Wasser ziehen lassen. Anschließend mit Küchenpapier trocken tupfen.

2. Auberginenwürfel in den Keramikeinsatz des Slow Cookers füllen, Zwiebel, Paprika und Knoblauch obenauf geben. Tomaten zerdrücken, mit Tomatenmark verrühren, mit Salz, Pfeffer, Kräutern (sparsam!) würzen. Sauce auf das Gemüse füllen. Alles mit Öl beträufeln und 2 Stunden auf Stufe HIGH (4 Stunden LOW) garen.

3. Die Zucchini längs halbieren, in Scheiben schneiden und unter das restliche Gemüse rühren. Weitere 1–1,5 Stunden auf HIGH garen. LOW wären es 2–3 Stunden.

LOW 6–7 Std. | HIGH 3–3,5 Std.

Tipp

Dieser sommerliche Gemüseeintopf schmeckt warm oder kalt, über Reis, mit Baguette – oder als Füllung für die Gemüselasagne (Seite 53).

Refried Beans

Bohnenpüree aus Mexiko

3,5 l | 8 | 10 Minuten

300 g getr. Kidney- oder Wachtelbohnen
1 Zwiebel, in groben Ringen
2 Knoblauchzehen, in Stiften
¼ TL Pfeffer
½ TL Kreuzkümmel
1 Chilischote, entkernt
1 l Wasser
1–2 TL Salz

1. Bohnen in einen herkömmlichen Topf geben, mit ausreichend Wasser aufkochen und fünf Minuten sprudelnd kochen lassen. Dann mit den restlichen Zutaten (aber ohne Salz) in den Slow Cooker geben und 8 Stunden auf Stufe HIGH garen. Erst ganz am Ende salzen.

2. Wenn die Bohnen weich sind, alles durch ein Sieb geben, aber die Kochflüssigkeit auffangen. Die Bohnen mit einem Kartoffelstampfer zerdrücken und so viel von der Kochflüssigkeit zugeben, bis die gewünschte Konsistenz (sollte etwas dicker sein als Kartoffelpüree) erreicht ist.

LOW nicht empfohlen | HIGH 8 Std.

Tipp

Refried Beans schmecken gut, wenn man sie mit Salat, Käse und Salsa in Tortillas oder Tacos füllt. Am besten bereiten Sie gleich die doppelte Menge im großen Slow Cooker zu, Reste lassen sich sehr gut portionsweise einfrieren.

Glühweinrotkohl

Winterliche Beilage

3,5 l | 12 | 25 Minuten

2 EL Öl
1 rote Zwiebel, gewürfelt
1,2 kg Rotkohl, geraspelt
1 Apfel, geraspelt
150 ml Glühwein (oder milder Rotwein)
35 ml dunkler Balsamessig
3 Gewürznelken
1 Bio-Orange (abgeriebene Schale, ausgepresster Saft)
1 TL Salz
6 Pfefferkörner
1 Lorbeerblatt
1 Stange Zimt
3 EL brauner Zucker

1. Das Öl in einem separaten Topf erhitzen und die Zwiebeln darin glasig dünsten. Rotkohl und Apfel in den Einsatz des Slow Cookers geben, Zwiebel zugeben.

2. Alle sonstigen Würzzutaten auf den Kohl geben. Deckel aufsetzen und Rotkohl 3,5–4 Stunden auf HIGH (LOW 7–8 Stunden) bis zur gewünschten Bissfestigkeit garen. Die Flüssigkeit nochmals mit Salz und Zucker individuell abschmecken.

LOW 7–8 Std. | HIGH 3,5–4 Std.

Tipp: Ich koche Rotkohl immer mit doppelter Menge im großen 6,5-l-Gerät. Er lässt sich hervorragend einfrieren.

Kohlrabi in Kräutersauce

Sommerliche Beilage z. B. zu Bratlingen

1,5 l | 2–3 | 10 Minuten

500 g Kohlrabi, geputzt, in feinen Stücken
200 ml Kochsahne (oder Rama Cremefine, 15 % Fettgehalt)
½ Zwiebel oder Schalotte
1 TL eingesalzenes Suppengemüse (oder Gemüsebrühenpulver)
2 EL frische, milde Kräuter (Petersilie, Schnittlauch, Estragon)
heller Saucenbinder (optional)

1. Den Kohlrabi in den Slow Cooker geben. Kochsahne, Zwiebel und Suppengemüse kurz mit dem Pürierstab bearbeiten (oder in den Zerhacker geben), bis die Zwiebel ganz fein zerkleinert ist. Die Kräuter ebenfalls zugeben, um sie etwas zu zerkleinern.

2. Die Sauce über das Gemüse geben, umrühren und auf Stufe LOW etwa 7–8 Stunden garen, auf HIGH sind es 3,5–4 (je nach Größe der Stücke).

3. Durchrühren und eventuell mit Saucenbinder andicken.

LOW 7–8 Std. | HIGH 3,5–4 Std.

Tipp Ich verwende sonst nie Kochsahne – hier schon, um sicherzugehen, dass die Sauce nicht gerinnt.

Hummus

Orientalischer Kichererbsen-Dip

2 oder 2,4 l | 8 | 10 Minuten

300 g getr. Kichererbsen
3 EL Zitronensaft
3 EL Tahini (Sesampaste)
1 Knoblauchzehe
Salz nach Geschmack
Olivenöl

1. Die Kichererbsen über Nacht (9–10 Stunden) in sehr reichlich Wasser auf LOW garen (HIGH 4,5–5 Stunden – über Nacht ist dann nicht notwendig). Erkalten lassen, abgießen, aber die Flüssigkeit aufbewahren.

2. 300 g gegarte Kichererbsen abwiegen, die restlichen Kichererbsen einfrieren oder für ein anderes Gericht verwenden.

3. Zitronensaft, Tahini und Knoblauch mit etwas Kochflüssigkeit im Blender durchmixen, dann die Kichererbsen und weitere Flüssigkeit zugeben. So lange pürieren, bis sich eine weiche Dip-Konsistenz ergibt.

4. Mit Salz abschmecken. Zum Servieren in eine Schüssel geben und mit etwas Olivenöl beträufeln.

LOW 9–10 Std. | HIGH 4,5–5 Std.

Tipp: Hummus schmeckt als Aufstrich auf Sandwiches oder als Dip zu Gemüse oder beim Grillen.

Balsamicozwiebeln

Würzige Beilage zu Käse und Burgern

2 oder 2,4 l | 12 | 10 Minuten

2 EL Olivenöl
20 g Butter
150 ml Rotwein
40 ml dunkler Balsamessig
50 g brauner Zucker
je ½ TL Salz und Senfkörner
500 g rote Zwiebeln

1. Alle Würzzutaten und Flüssigkeiten in den Slow Cooker geben und auf HIGH stellen.

2. Zwiebeln putzen und in dünne Halbringe schneiden. In den Slow Cooker geben und alles gut mit der Flüssigkeit mischen.

3. Auf Stufe HIGH 6 Stunden garen (LOW für 12 Stunden), bis die Zwiebeln sehr weich sind. Nach Möglichkeit einmal zwischendurch umrühren. Hat sich zu viel Flüssigkeit gebildet, eine weitere Stunde mit leicht geöffnetem Deckel garen.

4. In sterilisierte Gläser abfüllen.

LOW 12 Std. | HIGH 6–7 Std.

Tipp Wenn ich diese köstlichen Zwiebeln zubereite, stelle ich den Slow Cooker nach draußen auf die Terrasse oder in die Garage. Es riecht ansonsten schon sehr durchdringend …

Süßes und Sonstiges

Apfel-Zimt-Porridge

Nahrhaftes warmes Frühstück

1,5 l | 2–3 | 5 Minuten

65 g kernige Haferflocken
1 Apfel, ungeschält, entkernt, fein geraspelt
½ TL Zimt
1 Prise Vanillezucker
30 ml Ahornsirup
225 ml Milch
350 ml Wasser

Zum Servieren
Naturjoghurt
Dünne Apfelscheiben
Gehackte Walnüsse
Ahornsirup

1. Alle Zutaten für das Porridge in den Einsatz des Slow Cookers geben und durchrühren. Auf Stufe LOW etwa 5, auf HIGH etwa 2,5 Stunden garen.

2. Durchrühren und mit den Toppings servieren.

LOW 5 Std. | HIGH 2,5 Std.

Tipp

So ein warmes Frühstück ist eher etwas für die kalte Jahreszeit. Bei warmem Wetter würde ich dieses Gericht auch nicht nachts per Zeitschaltuhr starten – da hätte ich Sorgen wegen der Milch. Dann lieber nur mit Wasser garen und später Milch dazugießen.

Bratäpfel mit Cranberrys

Leckeres Dessert oder süße Mahlzeit

2,4 l | 2 | 10 Minuten

3 Boskop-Äpfel
3 gehäufter TL Pecannüsse
3 gehäufter TL getr. Cranberrys
3 TL brauner Zucker
3 Msp. Zimt
3 Stück Butter
60 ml Apfelsaft

1. Zunächst die Äpfel vorbereiten: Oben einen »Deckel« abschälen und anschließend mit einem Ausstecher oder einem spitzen Messer das Kerngehäuse ausschneiden. In den Slow Cooker setzen.

2. Nüsse und Cranberrys hacken und in die Höhlungen der Äpfel füllen. Zimtzucker aufstreuen und jeweils ein Stück Butter auflegen. Den Apfelsaft angießen.

3. Auf Stufe HIGH etwa 2,5–3 (LOW 5–6 Std.) Stunden garen, bis die Äpfel weich sind und die Schale platzt. Heiß oder lauwarm servieren.

LOW 5–6 Std. | HIGH 2,5–3 Std.

Tipp

Zum Bratapfel schmecken Vanillesauce, Sahne oder Vanilleeis. Essen nur Erwachsene mit, kann man die Äpfel vor dem Garen auch mit Weißwein angießen oder etwas Rum aufträufeln.

Kokosmilchreis

Schmeckt warm oder kalt

2,4 l | 4 kleine Portionen | 5 Minuten

400 ml Kokosdrink
400 ml Kokosmilch aus der Dose (fettreduzierte Sorte)
125 g Pandan-Reis

Zum Servieren
Zucker nach Geschmack
Fruchtsaucen

1. Alle Zutaten in den Einsatz des Slow Cookers geben und durchrühren.

2. Auf Stufe HIGH (LOW nicht empfohlen) etwa 2–2,5 Stunden garen, idealerweise zwischendurch einmal durchrühren.

3. Nach Geschmack süßen und mit Fruchtsaucen servieren.

LOW nicht empfohlen | HIGH 2–2,5 Std.

Tipp

Klassischer »deutscher« Milchreis mit Rundkornreis funktioniert genauso. Ich gebe 200 g Reis auf 800 ml Milch, um einen ziemlich dicken Brei zu erhalten. Wer es flüssiger mag, nimmt 1 l Milch.

Brotauflauf mit Obst

Resteverwertung de luxe

3,5 l | 4–6 | 10 Minuten

40 g Butter, geschmolzen
300 g Weißbrot vom Vortag (Hefezopf oder Milchbrötchen gehen auch)
optional: 1 kl. Apfel, in feinen Schnitzen, 1 Handvoll entsteinte Kirschen oder TK-Beerenmix
100 ml Sahne
300 ml Milch
3 Eier
50 g brauner Zucker
1 Prise Zimt

1. Den Einsatz des Slow Cookers mit etwas Butter leicht ausfetten. Das Brot würfeln oder in mundgerechte Stücke zupfen, mit dem Obst (optional) in den Keramikeinsatz geben.

2. Sahne, Milch, Eier, Zucker und Zimt verquirlen und über das Brot gießen. Alles 10 Minuten stehen lassen, dann einmal umschichten, damit alle Brotwürfel vollgesogen sind.

3. Die restliche flüssige Butter auf die Masse träufeln und den Deckel aufsetzen. Etwa 2,5–3 Stunden auf HIGH garen, bis die Eiermilch gestockt ist.

LOW nicht empfohlen | HIGH 2,5–3 Std.

Tipp Lauwarm mit etwas Schlagsahne, Vanilleeis, Vanillesauce oder Früchten servieren.

Zitronenkuchen mit Mohn

Saftiger Kuchen aus dem Slow Cooker

3,5 l | 12 Stücke | 15 Minuten

1 EL Öl
300 g Mehl
40 g ungem. Mohn
1 TL Backpulver
3 Eier
175 g Zucker
¼ TL Salz
90 g Pflanzenöl
100 g Naturjoghurt
1 Bio-Zitrone (Schale abgerieben, Saft ausgepresst)

Für den Guss

250 g Mascarpone
50 g Puderzucker
2–3 EL Zitronensaft oder Zitronenlikör

1. Den Slow Cooker zum Kuchenbacken vorbereiten: Mit Öl ausstreichen und 2 lange Streifen Backpapier über Kreuz hineinlegen. Damit lässt sich der Kuchen später gut herausheben.

2. In einer Schüssel Mehl, Mohn und Backpulver vermischen, beiseitestellen.

3. Eier mit Zucker, Salz, Öl, Joghurt, Zitronensaft und -schale verschlagen. Mehlmischung zugeben und nur so lange rühren, bis sich ein glatter Teig ergibt.

4. Teig in den Slow Cooker geben und glatt streichen. Ein zusammengefaltetes Geschirrtuch zwischen Deckel und Topf legen. Auf Stufe HIGH 1,5 Stunden garen und per Stäbchenprobe kontrollieren, ob der Kuchen schon gar ist. Falls nicht, 30 Minuten weitergaren.

5. Fertigen Kuchen aus dem Topf heben und auf einem Rost abkühlen lassen. Alle Zutaten für den Guss verrühren und auf die Oberseite streichen. Einige Stunden durchziehen lassen.

LOW nicht empfohlen | HIGH 1,5–2 Std.

Tipp: Da viele Slow Cooker von den Seiten her ungleich heizen, hat es sich bewährt, beim Kuchenbacken den Einsatz nach der Hälfte der Backzeit um 180 Grad zu drehen – so kommt die Hinterseite nach vorne und umgekehrt. Dann bräunt der Rand gleichmäßiger.

Peach Butter

Super aromatisches Fruchtmus

1,5 l | 8 | 10 Minuten

1 kg reife Pfirsiche (evtl. einen Teil durch Aprikosen ersetzen)
50–75 g brauner Zucker
optional: 1 haselnussgroßes Stück Ingwer, in feinsten Würfeln
1 Prise Salz
2–3 EL Zitronensaft

1. Die Pfirsiche entkernen und in Stücke schneiden. Mit einem Pürierstab pürieren und mit Zucker, Ingwer (falls verwendet) und Salz vermischen; in den Einsatz des Slow Cookers geben.

2. Auf Stufe LOW etwa 10–12 Stunden garen. Dabei einen Kochlöffelstiel zwischen Topf und Deckel klemmen, damit Flüssigkeit verdunsten kann. Zum Ende hin stündlich rühren.

3. Die Peach Butter in sterilisierte kleine Gläser abfüllen und im Kühlschrank aufbewahren.

LOW 10–12 Std. | HIGH nicht empfohlen

Tipp

Frucht-»Butter« enthält kein Fett, sondern ist die US-Bezeichnung für dick eingekochtes Obstmus, das man als Sauce zu Eis oder auf Pfannkuchen isst. Köstlich!

Tipp

Genauso wie Peach Butter funktioniert übrigens auch »Apple Butter«, dunkles und super aromatisches Apfelmus. Dafür werden die Äpfel geschält und entkernt, mit wenig Apfelsaft angegossen und erst nach einigen Stunden püriert. Wenn Sie auf das lange Einkochen verzichten, haben Sie »normales« deutsches Apfelmus. In jedem Fall müssen Sie kaum rühren, anders als bei der Zubereitung auf dem Herd.

Knuspermüsli tropical

Selbst gemachtes Granola mit wenig Zucker

3,5 oder 6,5 l | 12 | 5 Minuten

600 g kernige Haferflocken
100 g Cashewnüsse, grob gehackt
50 g Kokoschips
75 ml Kokosöl
100 ml Wasser
1 Prise Salz
75 g Kokosblütenzucker

Zusätzlich
50 g Bananenchips
50 g getr. Mangostreifen, fein geschnitten

1. Die trockenen Zutaten von Haferflocken bis Kokoschips im Slow-Cooker-Einsatz vermischen. Feuchte Zutaten von Öl bis Kokosblütenzucker in eine Schüssel oder einen Topf geben und auf dem Herd oder in der Mikrowelle bis zum Siedepunkt erhitzen. Über die Flocken geben und gründlich durchrühren, sodass alles befeuchtet ist.

2. Den Slow Cooker auf HIGH stellen, Deckel etwas schräg aufsetzen, sodass noch Feuchtigkeit entweichen kann. 2–3 Stunden garen, dabei alle halbe Stunde gut durchrühren, zum Ende hin alle 15 Minuten. Das Müsli ist fertig, wenn die Kokoschips und die Nüsse leicht gebräunt sind. Die Masse wird nicht im Slow Cooker knusprig, sondern erst später beim Auskühlen – am besten ausgebreitet auf einem Backblech.

3. Gehackte Trockenfrüchte erst nach dem vollständigen Erkalten untermischen. In luftdicht schließenden Behältern aufbewahren.

LOW nicht empfohlen | HIGH 2–3 Std.

Tipp Das ist ein echtes Universalrezept. Statt Cashewkernen passen auch Wal- oder Haselnüsse, als Trockenfrüchte nehme ich auch gerne Cranberrys, Rosinen oder getrocknete Kirschen.

Tipp

Bitte arbeiten Sie bei diesem Rezept mit einem Thermometer: Zu heiße Milch tötet die Joghurtkulturen, die Milch wird dann nicht fest. Zu kalte Milch lässt den Prozess nicht in Gang kommen.

Wer viel Joghurt verbraucht, kann natürlich auch die doppelte Menge in einem 3,5-l-Topf ansetzen.

Joghurt

Der Slow Cooker wird zum Joghurtbereiter

1,5 oder 2,4 l | 6 | 5 Minuten

1 l Milch
75 g Naturjoghurt (griechischer funktioniert sehr gut)
1 EL Milchpulver (optional)

Nach Geschmack
Zucker, 1 Vanilleschote

Bitte beachten:
Die Zubereitung beginnt am Abend zuvor und erfolgt über Nacht!

1. Bei der Verwendung von Rohmilch diese bitte einmal aufkochen, dann wieder auf 40 °C abkühlen lassen. H-Milch auf 40 °C erwärmen.

2. Den Slow-Cooker-Einsatz auf Stufe LOW oder WARM etwas auf Temperatur kommen lassen (höchstens lauwarm). Die Milch hineingießen, Topf ausstellen.

3. Den Joghurt zum Impfen in eine große Schüssel geben, mit dem Milchpulver (macht den Joghurt etwas dicker) verrühren. Eine gute Kelle von der warmen Milch dazugeben, verrühren. Eine Kelle von dieser Joghurtmilch zurück in den Slow Cooker geben, verrühren. Schüssel wieder mit einer Kelle warmer Milch auffüllen, wieder rühren und Inhalt teilweise zurück in den Slow Cooker geben. Diesen Vorgang mehrmals wiederholen – auf diese Art werden die beiden Flüssigkeiten behutsam gemischt. Nach Wunsch eine Vanilleschote einlegen.

4. Slow Cooker mit Deckel verschließen und in 2 oder 3 dicke Badetücher wickeln. Ungestört auf der Arbeitsfläche 8 Stunden (oder über Nacht) stehen lassen.

5. Fertigen Joghurt nach Geschmack süßen, in Schraubgläsern im Kühlschrank aufbewahren.

LOW 5 Min. anwärmen | HIGH nicht empfohlen

Ghee

Butterschmalz aus der indischen Küche

1,5–2,4 l | 16 | 5 Minuten

4–5 Stück Weidebutter à 250 g

1. Die Butter in den Keramikeinsatz geben. Kochlöffel zwischen Deckel und Einsatz klemmen und auf Stufe HIGH anstellen.

2. Butter ohne jegliches Rühren so lange köcheln lassen, bis sich die Molkebestandteile unten abgesetzt haben, das Butterfett oben ganz leicht goldgelb/hellbraun wird und es nussig-aromatisch nach Butter duftet.

3. Eventuellen bräunlichen Schaum oben/am Rand abschöpfen. Dann ganz vorsichtig das Butterfett mit einer Kelle entnehmen und durch ein Sieb (mit Küchentuch auslegen) in passende Gefäße mit weitem Rand filtern.

4. Mit dem Abschöpfen aufhören, sobald man der unteren Molkeschicht nahe kommt. Den Rest in ein hohes Gefäß schütten und in den Kühlschrank stellen. Das Butterfett, das dann nach einer Weile oben erstarrt, unmittelbar verbrauchen. Die Molke lässt sich zum Beispiel beim Backen (Kuchenteige, Brot) verwenden.

LOW nicht empfohlen | HIGH 3–5 Std.

Tipp: Ghee ist hoch erhitzbar und eignet sich wunderbar zum Anbraten und Backen. Es hält sich (dunkel und kühl, aber nicht im Kühlschrank gelagert) in verschlossenen Gläsern monatelang, da keine verderblichen Molkebestandteile mehr enthalten sind.

Über die Autorin

Gabriele Frankemölle ist freiberufliche Journalistin und Foodbloggerin. Als berufstätige Hausfrau und Mutter hat sie vor Jahren das Slow-Cooker-Kochen für sich entdeckt – damit sie Bücher wie dieses verfassen und trotzdem ihrer Familie eine warme Mahlzeit servieren kann!

Ihre Liebe zum Slow Cooker stammt von einem USA-Studienaufenthalt, wo sie dem Gerät erstmals begegnete. Nachdem sie sich ihren ersten Slow Cooker aus England im Koffer mitgebracht hatte (in Deutschland gab es die Geräte seinerzeit noch nicht zu kaufen), begann sie damit, deutsche Traditionsgerichte für den Slow Cooker abzuwandeln und neue Rezepte zu entwickeln. Und zwar mit frischen Zutaten, viel Gemüse und Aromen jenseits von Würzmix und Fertigsauce, wie man es im Slow-Cooker-Mutterland USA leider häufig erlebt.

In Gabis Küche stehen neben Slow Cooker und KitchenAid-Küchenmaschine auch Laptop und Fototisch, wo die Rezepte für die Blogs slowcooker.de und usa-kulinarisch.de festgehalten werden.

Zutatenregister

J

K

L

M

N

O

P

R

S